PONS

Gewusst wie!

Grammatik-Training

DEUTSCH 6. Klasse

Wer`s versteht, lernt leichter.

von
Peter Hoffmann
Volker Losch

Ernst Klett Sprachen GmbH
Barcelona • Belgrad • Budapest • Ljubljana • London • Posen • Prag
Sofia • Stuttgart • Zagreb

PONS
Gewusst wie!

Grammatik-Training

DEUTSCH 6. Klasse

Wer`s versteht, lernt leichter.

von
Peter Hoffmann
Volker Losch

Auflage A1 5 4 3 2 1 / 2010 2009 2008 2007

Internet: www.pons.de
E-Mail: info@pons.de

Redaktion: Elke Hufnagel
Logoentwurf: Erwin Poell, Heidelberg
Logoüberarbeitung: Sabine Redlin, Ludwigsburg
Illustrationen: Stefan Theurer, Eningen
Einbandgestaltung: Schmidt & Dupont
Titelfoto: Vlado Golub, Stuttgart
Layout: andrea grundmann kommunikationsgestaltung, Karlsruhe
Satz: Peter Renz, Stuttgart
Druck: Legoprint
Printed in Italy.
ISBN: 978-3-12-561379-9

Vorwort

Herzlich Willkommen!

Mit dem **PONS Gewusst wie! Grammatik-Training** hast du ein Übungsbuch, das dir hilft, wichtige Themen der deutschen Grammatik ganz gezielt zu üben und zu wiederholen.

Wie ist das Buch aufgebaut?

Jedes Thema beginnt auf der rechten Seite mit einer **Erklärung** der verschiedenen grammatischen Regeln. Wenn du umblätterst, findest du auf der nächsten Seite Aufgaben, mit denen du die Regeln üben kannst.

Wir haben mehrere grammatische Themen zu Übungseinheiten zusammengefasst. Jede Einheit endet mit einem **Test**, in dem du abschließend noch einmal prüfen kannst, ob du wirklich alle Regeln beherrschst.

Kontrolliere mit Hilfe der **Lösungen** am Ende des Buches deine Antworten selbst und korrigiere sie, wenn du einen Fehler gemacht hast.

Achte auch auf dieses Symbol:
Hier erhältst du Hinweise zur Lösung bestimmter Aufgaben oder weiterführende Lerntipps.

Wie arbeitest du mit dem Buch?

Du kannst mit dem Buch auf unterschiedliche Weise arbeiten.

Du kannst die Themen in der vorgegebenen Reihenfolge durcharbeiten oder mit Hilfe des Inhaltsverzeichnisses einzelne Themen herausgreifen, die du gezielt wiederholen und üben möchtest.

Du kannst auch mit der **Bestandsaufnahme** beginnen. Vergleiche deine Antworten mit den Lösungen. Ist dir eine Frage besonders schwergefallen? Dann folge den Hinweisen im Lösungsteil und übe das entsprechende Thema. Und natürlich kannst du die Bestandsaufnahme während und zum Abschluss deiner Arbeit wiederholen. Dann siehst du, welche Fortschritte du gemacht hast.

Viel Spaß und viel Erfolg!

Inhaltsverzeichnis

I

Inhaltsverzeichnis

I

Bestandsaufnahme

1 Mögen ist
- a) ein Hilfsverb.
- b) ein Modalverb.
- c) kein Verb.

2 Die zweite Person Singular Futur II von spielen lautet:
- a) du wirst spielen
- b) du hast gespielt
- c) du wirst gespielt haben

3 Sie wird besucht. – Dieser Satz steht
- a) im Vorgangspassiv.
- b) im Zustandspassiv.
- c) im Aktiv.

4 Der Bleistift ist gespitzt worden. – Dieser Satz steht
- a) im Perfekt Aktiv.
- b) im Plusquamperfekt Passiv.
- c) im Perfekt Passiv.

5 Dieses Spiel gefällt mir. Zu welcher Wortart gehört das unterstrichene Wort?
- a) Reflexivpronomen
- b) Demonstrativpronomen
- c) Relativpronomen

6 Zu den Partikeln gehören:
- a) Präposition, Konjunktion, Adjektiv
- b) Präposition, Konjunktion, Adverb
- c) Pronomen, Konjunktion, Adverb

7 Auf welches der folgenden Verben kann ein Prädikativ folgen?
- a) werden
- b) wollen
- c) wünschen

8 Sie steht daneben. – Um was für ein Satzglied handelt es sich beim unterstrichenen Wort?
- a) Lokales Adverbiale
- b) Prädikativ
- c) Modales Adverbiale

9 Adjektive können
- a) modale Adverbialien bilden.
- b) kausale Adverbialien bilden.
- c) keine Adverbialien bilden.

10 Welches Adverbiale kann die Präposition wegen einleiten?
- a) Instrumentales Adverbiale
- b) Finales Adverbiale
- c) Kausales Adverbiale

11 Durch Üben hat er sich verbessert. – Zu welcher Art von Adverbialien gehört das unterstrichene Satzglied?
- a) instrumental
- b) modal
- c) temporal

12 Das Attribut ist
- a) eine Wortart.
- b) ein Satzglied.
- c) ein Satzgliedteil.

13 Welches Attribut wird dem Nomen vorangestellt?
- a) Adverbattribut
- b) Adjektivattribut
- c) Genitivattribut

14 Er klettert schnell über die Mauer des Schulhofs. – Dieser Satz enthält
- a) ein Adjektivattribut.
- b) ein Genitivattribut.
- c) ein Präpositionalattribut.

15 Satzgefüge bestehen aus
- a) Haupt- und Nebensätzen.
- b) zwei oder mehreren Hauptsätzen.
- c) verschiedenen Satzarten.

16 Das Lied, das ich meine lief gestern im Radio. – Wie viele Kommas fehlen in diesem Satz?
- a) keines
- b) eines
- c) zwei

17 Das war ein lustiger, unterhaltsamer Film. – Wieso wird hier ein Komma gesetzt?
- a) Satzgefüge
- b) Satzreihe
- c) Aufzählung

18 Wenn die wörtliche Rede innerhalb eines Satzes endet, steht danach
- a) immer ein Komma.
- b) nie ein Komma.
- c) in manchen Fällen ein Komma.

Grammatikbegriffe

Adverb	Umstandswort jetzt, dort, heute
Adverbiale (das)	Umstandsbestimmung (Satzglied): lokal (*wo? woher? wohin?*) *Dort* warte ich auf dich. kausal (*warum? weshalb?*) *wegen* des schönen Wetters temporal (*wann?*) *Heute* gehe ich schwimmen. modal (*wie?*) Frank läuft *sehr schnell*. instrumental (*womit?*) Sie spielt *mit Spielkarten*. final (*zu welchem Zweck?*) *zur Verbesserung* der Noten
Aktiv	Tatform (Genus verbi) Peter *trifft* den Ball.
Attribut	Beifügung (Satzgliedteil): mit *Adjektiv* das *schöne* Haus im *Genitiv* das Haus *der Nachbarn* mit Adverb das Haus *nebenan* mit *Präposition* das Haus *in der Mitte*
Demonstrativpronomen	Hinweisendes Fürwort dieser, diese, dieses/jener, jene, jenes/die, das
Futur II	Zukünftiges im Rückblick Morgen *wird* es *geregnet haben*.
Hauptsatz	Selbstständiger Satz Ich gehe nach Hause.
Hilfsverb	Verb (kann kein Prädikat bilden) werden, haben, sein
Indefinitpronomen	Unbestimmtes Fürwort/Zahlwort niemand, etwas, keine, jemand, alle, manche, wenig, bisschen …
Konjunktion	Bindewort und, oder, als, aber, dass …
Modalverb	Verb (verändert den Inhalt eines anderen Verbs) dürfen, können, mögen, müssen, sollen, wollen,
Nebensatz	Untergeordneter Satz Es ist schade, *dass es regnet*.
Passiv	Leideform (Genus verbi) Der Ball *wird getroffen*.
Prädikativ	Satzglied im Nominativ (kein Subjekt) Er ist *ein Star*.
Reflexivpronomen	Rückbezügliches Fürwort Das Kind wäscht *sich*.
Relativpronomen	Bezügliches Fürwort der, die, das/welcher, welche, welches/wer, was
Satzgefüge	Verbindung von Haupt- und Nebensätzen Er lernt Mathe, obwohl die Sonne scheint.
Satzreihe	Verbindung mehrerer Hauptsätze Er lernt Mathe, sie liest ein Buch.
Vorgangspassiv	„werden-Passiv" Petra *wird geschminkt*.
Zustandspassiv	„sein-Passiv" Petra *ist geschminkt*.

Hilfs- und Modalverben

1 Trage ein, welchen Sachverhalt die Modalverben ausdrücken.

Vorschrift Zwang Erlaubnis Wunsch Wille Möglichkeit

1. Ich **soll** abends während des Fahrradfahrens das Licht anmachen. (________)
2. Ich **muss** meine Taschen vor Betreten des Ladens abgeben. (________)
3. Ich **will** mehr Ferien. (________)
4. Ich **darf** in dem See schwimmen. (________)
5. Ich **kann** hier mein Fahrrad abstellen. (________)
6. Ich **möchte** ein neues Handy haben. (________)

Hilfsverben wie *sein*, *haben*, und *werden* können im Gegensatz zu den Vollverben allein kein Prädikat bilden. Sie benötigen dazu entweder ein Prädikatsnomen (ich bin *Pilot*), oder sie werden für die Umsetzung der Tempora verwendet. Dann benötigen sie einen Infinitiv (du *wirst lernen*) oder ein Partizip II (sie hat *gelernt*) und bilden so zusammen mit einem anderen Verb das zweiteilige Prädikat.
Allerdings können *haben* und *sein* auch als Vollverben benutzt werden: Ich habe Fieber. Wir sind in der Stadt (sein= sich befinden, aufhalten).
Die **Modalverben** *dürfen, können, mögen, müssen, sollen* und *wollen* verändern den Inhalt eines anderen Verbs. Sie können nämlich ausdrücken, **wie** man zu einem Sachverhalt steht (*Erlaubnis, Möglichkeit, Aufforderung, Wunsch, Willen, Bereitschaft, Zwang, Gebot*). Auch eine Fähigkeit kann mit dem Modalverb *können* bezeichnet werden (ich *kann* schwimmen). Mit dem Infinitiv eines Verbs bilden Modalverben dann in mehrteiliges Prädikat.
Modalverben kommen z.B. in folgenden Textsorten vor: Gesetze, Verbote, Anweisungen, Vorschriften, Regeln, Ratschläge, Empfehlungen, Tipps, Forderungen usw.

2 Modalverb oder Hilfsverb? Markiere in den Sätzen die Modalverben grün und die Hilfsverben rot.

1. Dies ist ein wildes Tier und darf auf keinen Fall gefüttert werden.
2. Wenn Ihnen übel wird, sollten Sie nicht in die Tiefe schauen.
3. Dein Monopoly-Mitspieler kann sich freuen, wenn du Miete an ihn zahlen musst.

Hilfs- und Modalverben

sein
haben
werden

3 Hier sind die Hilfsverben falsch gewählt. Streiche das falsche Hilfsverb durch und setze das richtige in die Klammer am Schluss des Satzes.

1. Mein Vater ~~ist~~ uns den Spanienurlaub geschenkt. (*hat*)
2. Unser Reiseleiter hat ein netter Spanier. (__________)
3. Nicht alle in unserer Familie wird Spanischexperten. (__________)
4. Nur meine Mutter sind ein Spanisch-Lexikon. (__________)
5. Sie ist im Urlaub fast zu einer richtigen Spanierin. (__________)
6. Spanienurlaube haben prima, wir sind immer sehr viel Spaß. (_____ / _____)

4 Trage die richtigen Modalwörter in die Lücken ein.

sollen dürfen können müssen mögen wollen

1. Die Lehrerin fordert dich auf, die Hausaufgaben zu machen.
   Du *sollst* die Hausaufgaben machen.
2. Der Polizist zwingt dich, den Fahrradweg zu benutzen.
   Du __________ den Fahrradweg benutzen.
3. Der Kinobesitzer erlaubt dir eine freie Platzwahl.
   Du __________ dich überall hinsetzen.
4. Der Zahnarzt sieht die Notwendigkeit, dir den Zahn zu ziehen.
   Du __________ dir den Zahn ziehen lassen.
5. Das Handy gibt dir die Möglichkeit, überall erreichbar zu sein.
   Du __________ überall erreicht werden.
6. Du hast den Wunsch, diesen Kinofilm zu sehen.
   Du __________ den Kinofilm sehen.
7. Wenn du volljährig bist, willst du den Führerschein machen.
   Du __________ den Führerschein machen.

Vergebliche Verfolgung

Da, das ist er, das könnte er sein ... Polizeiwachtmeister Wachauge nimmt die Verfolgung auf. Er zieht noch einmal das Bild des Verdächtigen aus seiner Brusttasche. Auf diesem ist jedoch nur dessen Gesicht zu sehen. Trotzdem, der Mann 20 Meter vor ihm muss es sein. Wenn es ihm **gelungen sein wird**, den Täter zu stellen, könnte ihm eine Beförderung winken, geht es Wachauge durch den Kopf. Aber wenn er sich doch irrt, den Falschen verfolgt? Wenn die ganze Verfolgung schließlich umsonst **gewesen sein wird**? Wenn er doch nur das Gesicht sehen könnte! Schade, dass er keine Teleskopstange mit Spiegel hat!

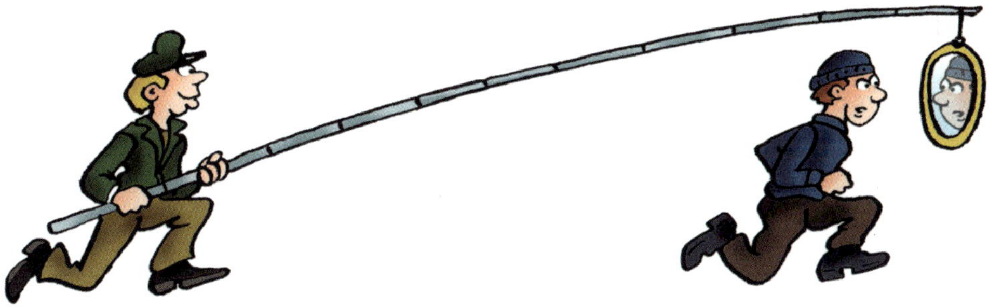

1 Setze den Satz ins Futur II.

War das für Wachauge die letzte Gelegenheit zur Beförderung?

____ ?

Außer dem dir schon bekannten Futur I und dem Präsens, die beide ausdrücken können, dass etwas in der Zukunft geschieht oder sein wird, gibt es noch ein weiteres Tempus, das **zukünftige Geschehnisse oder Zustände** – allerdings **im Rückblick** – betrachtet (wie bei den hervorgehobenen Tempusformen im Text oben). Wir nennen dieses Tempus **Futur II.** Wir versetzen uns also von der momentanen Situation („heute") in eine zukünftige („übermorgen") und blicken von dieser aus wieder zurück (z.B. auf „morgen").
Zur **Bildung des Futur II** brauchen wir die Personalform von *werden* im Präsens, das Partizip Perfekt des betreffenden Verbs und den Infinitiv des entsprechenden Hilfsverbs (*haben* oder *sein*).
Beispiel: Heute Abend **wird** (Personalform von *werden* im Präsens) es **geregnet** (Partizip Perfekt von *regnen*) **haben.** (Im Moment regnet es möglicherweise noch nicht.)

Futur II

2 Vervollständige die angefangenen Sätze, indem du das Futur II verwendest.

„Seifenkistenrennen beim Jugendhaus am kommenden Mittwoch" – so steht's auf dem Plakat; da mache ich mit! Aber halt, heute ist Donnerstag, und ich muss mir noch so ein Ding bauen. Ach, ich werd's schon schaffen:

1. Morgen mache ich eine Konstruktionszeichnung von meiner Seifenkiste.

   Übermorgen *werde ich ...* ______________________________ .

2. Übermorgen werde ich das Material besorgen.

   Am Sonntag ______________________________ .

3. Am Sonntagnachmittag baue ich die Kiste zusammen.

   Am Sonntagabend ______________________________ .

4. Am Montag mache ich die erste Probefahrt.

   Am Dienstag ______________________________ .

5. Am Dienstag um 15.00 Uhr veranstalte ich ein Proberennen mit meinem Freund.

   Am Dienstagabend ______________________________ .

6. Am Mittwochnachmittag finden die Rennen über verschiedene Distanzen statt.

   Welche Plätze werde da ich wohl belegen?

   ______________________________ am Mittwochabend ______________________________ .

3 Präsens (P), Futur I (FI) oder Futur II (FII)? – Kreuze an.

P	FI	FII	
			Ich leihe mir übermorgen den Krimi aus der Bibliothek aus.
			Wahrscheinlich werde ich dann gleich anfangen, ihn zu lesen.
			Vielleicht werde ich schon am Freitag damit fertig sein.
			Zumindest am Montag werde ich ihn aber gelesen haben.
			Soll ich das Buch dann zurückgeben?
			Oder wirst du den Krimi dann auch lesen?
			Du kannst ja auch abwarten,
			wie er mir gefallen haben wird.

1 Kreuze die richtigen Erläuterungen an und markiere die Fehler in den falschen.

- 1. *sein, haben* und *werden* sind Hilfsverben.
- 2. Hilfsverben können allein kein Prädikat bilden.
- 3. Man benötigt Hilfsverben bei der Bildung des Präteritums und des Präsens.
- 4. Modalverben können den Inhalt eines anderen Verbs verändern, weil sie die Sicht auf einen Sachverhalt bestimmen.
- 5. *Dürfen, können, mögen, sollen, haben, sein* sind Modalverben.

2 Setze in die folgenden Sätze die richtigen Hilfsverben ein.

1. Das Dach des Hauses __________ feuerrot.
2. Gestern __________ ich sehr schlecht geschlafen, sodass ich heute sehr müde __________ .
3. Wenn das so weiter geht, __________ ich gleich sehr wütend.
4. Das schafft er nicht, mit dieser Aufgabe __________ er nicht fertig.
5. Nein, sie kommen heute nicht, sie __________ alle sehr krank.
6. Ach so, ihr __________ gerade in Berlin.
7. Ja, wir __________ alle eine Erkältung.

3 Stelle in einer Tabelle die Modalverben ihren Funktionen gegenüber.

Absicht/Wille Aufforderung dürfen Erlaubnis
können mögen Möglichkeit/Fähigkeit müssen sollen
wollen Zwang/Gebot Wunsch/Möglichkeit

Modalverben	**Funktion**
__________	__________
__________	__________
__________	__________
__________	__________
__________	__________
__________	__________

Test 1

4 Setze ein passendes Modalverb ein.

1. Mein Zug hat Verspätung, ________________ du mich vom Bahnhof abholen?
2. In diesen Räumen ________________ man nicht rauchen!
3. Um ein gutes Ergebnis zu erzielen, ________________ Sie die Gebrauchsanweisung genau lesen.
4. Petra und Eva haben den Unterricht gestört, sie ________________ eine Strafarbeit anfertigen.
4. Erdbeereis? Nein, ich ________________ lieber eine Kugel Kirscheis, bitte!
6. Los, her mit dem Ball, wir ________________ sofort anfangen!

5 Kreuze die richtigen Erläuterungen an und markiere die Fehler in den falschen.

- 1. Das Futur II bezeichnet ein Geschehen oder einen Zustand, der in der Vorvergangenheit liegt.
- 2. Mit dem Futur II blicke ich, ausgehend von heute, auf die Zukunft und von dort wieder zurück.
- 3. Das Futur II wird mit der Personalform des Hilfsverbs *haben*, dem Partizip Perfekt und dem Hilfsverb *sein* oder *haben* gebildet.

6 Vervollständige die Tabelle.

Präsens	Futur I	Futur II
1. ich laufe	________________	________________
2. ________________	du wirst schlafen	________________
3. er sitzt	________________	________________
4. ________________	wir werden springen	________________
5. ihr lacht	________________	________________
6. ________________	sie werden schwimmen	________________

Aktiv und Passiv

1 Lies die beiden Texte über Sina und ihr lila Mäppchen und unterstreiche alle Verbformen.

a) Sina liebt ihr lila Mäppchen, bemalt und beschreibt es. Sie packt Stifte hinein und wirft es durch die Klasse. Sina nutzt es als Spickzettel und als Versteck für Süßigkeiten, und manchmal reicht sie es als „geheimen Briefkasten" während des Unterrichts weiter.

b) Das lila Mäppchen wird von Sina geliebt, bemalt und beschrieben. Es werden Stifte hineingepackt, und es wird von Sina als Spickzettel und als Versteck für Süßigkeiten genutzt, und manchmal wird es als „geheimer Briefkasten" während des Unterrichts weitergereicht.

2 Welcher Text ist mit Blick auf Sina geschrieben, welcher mit Blick auf Sinas Mäppchen? Weise Sina und dem Mäppchen mit Pfeilen die zugehörigen Texte zu.

Ein Geschehen kann aus unterschiedlichen Sichtweisen bzw. Blickrichtungen wiedergegeben werden. So kannst du mit Blick auf den Handelnden oder mit Blick auf den Betroffenen erzählen. Dies leistet das Genus des Verbs (Genus Verbi). Man unterscheidet:
Das **Aktiv** (die *Tatform*): Das Subjekt ist aktiv: Es handelt.
Das **Passiv** (die *Leideform*): Das Subjekt ist passiv: Mit ihm geschieht etwas.
Gebildet wird das Passiv mit dem Hilfsverb *werden* und dem Partizip Perfekt: *wird geschenkt, werden hineingepackt*. Bei der Umwandlung von einem Aktiv-Satz in einen Passiv-Satz wird
a) das Subjekt zum Objekt,
b) das Objekt zum Subjekt
c) und häufig das Personalpronomen verändert:

Sie (Subjekt) liebt ihr Mäppchen (Akkusativobjekt).

Das Mäppchen (Subjekt) wird von ihr (Präpositionalobjekt) geliebt.

Aktiv und Passiv

3 Forme die Aktivsätze in Passivsätze um.

1. Die Lehrerin behandelt die Schüler sehr freundlich.

   Die Schüler werden von der Lehrerin sehr freundlich behandelt.

2. Frank kauft sich ein neues Mountainbike.

   ____.

3. Mein Vater bringt unsere Gäste zum Bahnhof.

   ____.

4. Unser Lehrer übersieht diesen Fehler.

   ____.

5. Die Schüler schreiben in der dritten Stunde eine Klassenarbeit.

   ____.

6. Wir holen unsere Freunde heute nach der Schule ab.

   ____.

4 Forme die Passivsätze in Aktivsätze um.

1. Der Ball wird vom Stürmer über das Tor geschossen.

   Der Stürmer schießt den Ball über das Tor.

2. Der Einbrecher wird von dem bissigen Hund vertrieben.

   ____.

3. Uns wird nach der Reifenpanne von einem Polizisten geholfen.

   ____.

4. Meine Weihnachtswünsche werden von meinen Eltern nicht vollständig erfüllt.

   ____.

5. Die Tafel wird von dem Klassenstreber gereinigt.

   ____.

Vorgangs- und Zustandspassiv

4

1 Bestimme die vier Sätze. Handelt es sich jeweils um ein Aktiv, ein Zustandspassiv, ein täterloses Vorgangspassiv oder ein täterabgewandtes Vorgangspassiv?

1. Jesse zerschießt eine Flasche. ______________________
2. Die Flasche wird von Jesse zerschossen. ______________________
3. Die Flasche wird zerschossen. ______________________
4. Die Flasche ist zerschossen. ______________________

Das Passiv unterscheidet zwei Typen: das **Vorgangs- und das Zustandspassiv.** Das **Vorgangspassiv** bezeichnet Vorgänge, bei denen der eigentlich Handelnde in den Hintergrund tritt: *Die Flasche wird von Jesse zerschossen.* Zwar ist es Jesse, der die Flasche zerschießt, im Vordergrund steht jedoch der Vorgang des Schießens, sodass man hier vom **täterabgewandten Vorgangspassiv** spricht. Der Täter kann mit Hilfe des **täterlosen Vorgangspassivs** jedoch auch vollständig ausgeblendet werden: *Die Flasche wird zerschossen.* Gebildet wird das Vorgangspassiv mit dem Hilfsverb *werden* und dem Partizip Perfekt: *werden zerschossen* (**werden-Passiv**).
Das **Zustandspassiv** beschreibt im Gegensatz zum Aktiv und Vorgangspassiv keinen Vorgang, sondern ein Resultat, das Ergebnis eines Vorganges: *Die Flasche ist zerschossen.* Gebildet wird das Zustandspassiv mit dem Hilfsverb *sein* und dem Partizip Perfekt: *ist zerschossen* (**sein-Passiv).**

Vorgangs- und Zustandspassiv

2 Handelt es sich bei diesen Sätzen um Aktiv (A), täterabgewandetes Vorgangspassiv (TaV), täterloses Vorgangspassiv (TlV) oder Zustandspassiv (Z)? Umrahme die richtigen Buchstaben ermittle so das Lösungswort: _ _ _ _ _ _ _ _ _ _ _

	A	TaV	TlV	Z
1. Dem Pferdedieb gelingt die Flucht.	S	T	K	P
2. Auf seinen Kopf ist eine hohe Belohnung ausgesetzt.	A	A	I	T
3. Das Grab wird vom Totengräber geschaufelt.	R	E	S	S
4. Beobachtet wird der Verdurstende von den Geiern.	G	C	T	T
5. Der Whiskey wird eingeschenkt.	N	O	K	E
6. Vor dem Saloon sind die Pferde angebunden.	N	A	L	B
7. Durch das Eingreifen des Pfarrers endet die Schießerei.	R	G	E	I
8. Das Duell wird beobachtet.	N	E	I	N
9. Die Schusswunde wird vom Doc versorgt.	L	E	S	G
10. Der Colt wird schnell gezogen.	N	B	F	U

3 Formuliere die fehlenden Sätze in den Tabellen nach den betreffenden Angaben.

1. Der Sheriff nimmt die Pferdediebe fest.	Aktiv
2. ………………………………………… .	Täterabgewandtes Vorgangspassiv
3. ………………………………………… .	Täterloses Vorgangspassiv
4. ………………………………………… .	Zustandspassiv

1. Die Räuber stoppen die Postkutschen.	Aktiv
2. ………………………………………… .	Täterabgewandtes Vorgangspassiv
3. ………………………………………… .	Täterloses Vorgangspassiv
4. ………………………………………… .	Zustandspassiv

1. Die Gefängnistüren sind aufgebrochen.	Zustandspassiv
2. Black Jake … ………………………… .	Aktiv
3. ………………………………………… .	Täterabgewandtes Vorgangspassiv
4. ………………………………………… .	Täterloses Vorgangspassiv

Passiv und Tempora

5

1 Anton Aktiv und Peter Passiv spielen „Tempora-Versenken“.
1. Runde: 3. Person Singular. Trage die Formen der angegebenen Schuss-Kombinationen in die Tabelle ein.

	1	2	3	4
A	er/sie/es war getroffen worden	er/sie/es war getroffen	er/sie/es ist getroffen gewesen	er/sie/es war getroffen gewesen
B	er/sie/es hat getroffen	er/sie/es war getroffen	er/sie/es traf	er/sie/es wird getroffen
C	er/sie/es trifft	er/sie/es ist getroffen	er/sie/es wird getroffen sein	er/sie/es wird getroffen werden
D	er/sie/es wird getroffen worden sein	er/sie/es wird treffen	er/sie/es wurde getroffen	er/sie/es hatte getroffen
E	er/sie/es werden treffen	er/sie/es ist getroffen worden	er/sie/es wird getroffen gewesen sein	er/sie/es wird getroffen haben

Anton Aktiv	Tempus	Peter Passiv
C1: ______	**Präsens**	B4: ______
B3: ______	**Präteritum**	D3: ______
D2: ______	**Futur I**	C4: ______
B1: ______	**Perfekt**	E2: ______
D4: ______	**Plusquamperfekt**	A1: ______
E4: ______	**Futur II**	D1: ______

2 Im Spielplan finden sich auch die Konjugationsformen des Zustandspassivs. Markiere diese.

Das Passiv der einfachen Tempora Präsens und Präteritum wird mit den Personalformen der Hilfsverben *werden* bzw. *sein* und dem Partizip Perfekt gebildet.

er wird getroffen/sie werden getroffen	er ist getroffen/sie sind getroffen
Vorgangspassiv (*werden-Passiv*)	Zustandspassiv (*sein-Passiv*)

Bei den zusammengesetzten Tempora Futur I und II, Perfekt und Plusquamperfekt werden die Hilfsverben in ihren Formen *worden*, *gewesen* oder *sein* angehängt.

Passiv und Tempora

3 Konjugiere das Verb *suchen* in der 1. Person Singular.

Vorgangspassiv	Tempus	Zustandspassiv
1. ____________	**Präsens**	____________
2. ____________	**Präteritum**	____________
3. ____________	**Futur I**	____________
4. ____________	**Perfekt**	____________
5. ____________	**Plusquamperfekt**	____________
6. ____________	**Futur II**	____________

4 Fülle die Lücken in der Tabelle anhand der Angaben.

Person, Numerus, Tempus	Vorgangspassiv	Zustandspassiv
1. 2. Person Plural, Futur I	____________	ihr werdet überrascht sein
2. ____________	sie sind beleidigt worden	____________
3. ____________	____________	wir waren verwundet
4. ____________	ich war gerächt worden	____________
5. ____________ ____________	____________ ____________	du wirst gestraft gewesen sein
6. ____________	er/sie/es wird geschminkt	____________
7. ____________	____________	sie sind geföhnt
8. ____________	ich werde gebadet	____________
9. ____________	____________	du bist eingecremt gewesen
10. ____________	du warst untersucht worden	____________
11. ____________	____________	ich war gewaschen
12. ____________ ____________	er/sie/es wird überwältigt worden sein	____________ ____________

1 Trage die richtigen Begriffe und Erläuterungen aus dem Schüttelkasten in die Tabelle ein.

die Tatform | die Leideform | das Subjekt handelt | mit dem Subjekt geschieht etwas | gibt das Geschehen aus der Sicht des Handelnden wieder | gibt das Geschehen aus Sicht des Betroffenen wieder

Aktiv	Passiv
______	______
______	______
______	______
______	______

2 Kreuze die richtigen Erläuterungen an und markiere die Fehler in den falschen.

1. Bei der Umwandlung von Aktiv zu Passiv wird das Objekt zum Subjekt und das Subjekt zum Objekt.
2. Bei der Umwandlung von Aktiv zu Passiv verändern sich die Personalpronomen nie.
3. Das Vorgangspassiv bezeichnet Vorgänge, bei denen der eigentlich Handelnde stark in den Hintergrund gedrängt wird: täterabgewandtes oder täterloses Passiv.
4. Das Zustandspassiv bezeichnet ein Resultat, das Ergebnis eines Vorganges.
5. Das Zustandspassiv bezeichnet man auch als „werden-Passiv“ und das Vorgangspassiv auch als „sein-Passiv“.
6. Im Passiv können nicht alle Tempora verdeutlicht werden.

3 Wandle die folgenden Aktivsätze in Passivsätze um.

1. Der Hund beißt den Briefträger.

____.

2. Ich finde meine Schultasche ganz hinten im Schrank wieder.

____.

Test 2

4 Wandle den Satz in das angegebene Passiv um.

1. Der Schulleiter teilt den Schülern den Stundenplan mit. **Aktiv**

2. ______________________________ **Täterabgewandtes Vorgangspassiv**

3. ______________________________ **Täterloses Vorgangspassiv**

4. ______________________________ **Zustandspassiv**

5 Bestimme in den folgenden Sätzen Person, Numerus, Tempus und die genaue Passivform (täterabgewandtes/täterloses Vorgangspassiv, Zustandspassiv).

1. Die Maus war von der Katze gefangen worden.

   3. Person Singular, Plusquamperfekt, täterabgewandtes Vorgangspassiv

2. Wir waren verletzt.

   ____

3. Die Pausen werden von der Glocke eingeläutet worden sein.

   ____

4. Ihr seid gewählt.

   ____

5. Du bist gelobt worden.

   ____

6. Sie wird von der Jury zur Schönheitskönigin gekrönt worden sein.

   ____

Demonstrativpronomen

6

1. **Mark:** „Boah, schau mal. Da ist das neueste Handy: superdünn, superleicht, Superdisplay!"
2. **Corinna:** „Meinst du **das** da?"
3. **Mark:** „Nein, das ganz hinten!"
4. **Corinna:** „Ach, jenes neben dem Silbernen?
5. **Mark:** „Nein, weiter links.
6. **Corinna:** „Dieses auf dem Sockel?"
7. **Mark:** „Genau das. Super, oder?"
8. **Corinna:** (holt ihr Handy aus der Tasche) „Sieht das nicht so ähnlich wie dieses hier aus?"

1 In dem Gespräch taucht das Nomen „Handy" lediglich einmal auf. Dennoch hat man den Eindruck, dass es in fast jedem Satz benannt ist. Markiere noch weitere Wörter im Gespräch, die das Nomen „Handy" ersetzen.

Demonstrativpronomen wie *der, die, das, dieser, diese, dieses* oder *jener, jene, jenes* sind **hinweisende Fürwörter** (lat. demonstrare: zeigen, hinweisen). Sie zeigen förmlich mit dem Zeigefinger auf das Bezeichnete und können als Stellvertreter eines Nomens oder als Begleiter eines Nomens verwendet werden:

Dies musste noch durchgeführt werden. (**Stellvertreter**)

Dieser Mann half uns. (**Begleiter eines Nomens**)

Gleichzeitig kann mit Demonstrativpronomen eine gewisse **räumliche** oder **zeitliche Nähe** bzw. **Entfernung** ausgedrückt werden: Mit den Pronomen *dieser, diese, dieses* wird eine gewisse **Nähe,** mit *jener, jene, jenes* eher eine gewisse **Entfernung** veranschaulicht.
Demonstrativpronomen richten sich in Genus und Numerus nach dem Nomen, das sie vertreten: **Das Handy** hätte ich gern. **Dieses** hätte ich gern. (Akkusativ)

2 Mark schlägt sich an die Stirn: „Das gibt es doch nicht! Ich zeige hier wie verrückt auf das Handy und das Handy, und sie hat das Handy schon!"
Schreibe diesen Satz noch einmal auf und ersetze dabei „das Handy" mit geeigneten Demonstrativpronomen.

Ich zeige ... ____

____.

Demonstrativpronomen

3 Trage in die Lücken der Sätze die Demonstrativpronomen in der richtigen Form ein.

TIPP

Bedenke dabei, dass mit den Pronomen *diese* oder *jene* Nähe und Entfernung ausgedrückt werden können.

1. Diesen Film mag ich sehr, ______________ überhaupt nicht.
2. ______________ Berg wirkt größer als ______________ .
3. An ______________ Morgen müssen die Schüler die Aufgaben erledigen, die sie an ______________ nicht bewältigen konnten.
4. ______________ Schuhe passen euch, ______________ sind zu groß.
5. In ______________ Zeiten hatte man keinen Fernseher, in ______________ Zeiten steht fast in jedem Zimmer ein Gerät.
6. In ______________ Straße müssen Sie einbiegen, ______________ dort hinten führt Sie nicht zum Ziel.

4 Schreibe die Sätze ab und ersetze die farbig markierten Nomen und/oder ihre Begleiter durch sinnvolle Demonstrationspronomen. Achtung: Manchmal funktionieren mehrere Möglichkeiten!

1. Weil der Drucker schneller als der Drucker war, war das Referat sofort zur Hand.

____ .

2. Er greift in den Lostopf und zieht zwei Lose, das Los war ein Gewinn, das Los war eine Niete.

____ .

3. Hier ist dein Geschenk; hoffentlich ist das Geschenk das richtige für dich.

____ .

4. Diese Entscheidung war richtig, die andere Entscheidung sicher nicht.

____ .

Indefinitpronomen

7

Ein römischer Legionär kommt von einer Erkundung zurück ins Lager. Dort berichtet er seinem Vorgesetzten Folgendes: „Wir waren in einem Dorf, das noch nicht von uns besetzt ist. Dort braute jemand einen Trank, der bei vielen Bewohnern für einige Kraft sorgt. Um diesen Trank herstellen zu können, benötigt man viele Zutaten. Ein paar Siebenwurzgräser müssen mit irgendeinem Gerät zerkleinert werden, dann muss ein bisschen Distelsaft ein wenig zerkocht werden. Dazu werden dann mehrere Silberschwotzzöglinge in den Sud gegeben und alles zusammen ein paar Stunden mit etwas Hitze erwärmt. Abschließend kommen noch einige Kräuter, manch Gewürz und ein wenig Sporenpilzgelatine hinein, nichts vom Wildschwein und kein Barthaar.

1 Wer braute den Trank? ______________ .

2 Vervollständige die Notizen, die sich der Vorgesetzte während des Berichts gemacht hat.

1. ______________ Kraft
2. ______________ Zutaten
3. ______________ Siebenwurzgräser
4. ______________ Gerät
5. ______________ Distelsaft
6. ______________ zerkocht
7. ______________ Silberschwotzzöglinge
8. ______________ zusammen erwärmt
9. ______________ Stunden
10. ______________ Hitze
11. ______________ Kräuter
12. ______________ Gewürz
13. ______________ Sporenpilzgelatine
14. ______________ vom Wildschwein
15. ______________ Barthaar

Alle Personen, Dinge, Vorgänge bleiben unbestimmt. Wörter wie *niemand, jemand, etwas, alle, manche, kein, viele, nichts, bisschen, wenig* usw. nennt man darum **Indefinitpronomen** (unbestimmte Fürwörter, unbestimmte Für- und Zahlwörter). Du verwendest sie, wenn du a) ein Lebewesen, ein Ding usw. nicht genauer bezeichnen kannst (z.B.: *jemand* statt *der Koch, etwas, einer, irgendein usw.*), wenn du b) eine begrenzte Menge oder ein begrenztes Maß nicht genauer bestimmen kannst (z. B. ein bisschen Distelsaft, ein paar Stunden, etwas Hitze) und wenn du c) Gruppen von Lebewesen, Dingen usw. allgemein bezeichnen oder Teile davon ausschließen willst (z. B. *manche, einige, viele, alle, andere*).

Indefinitpronomen

3

I	R	G	E	N	D	J	E	M	A	N	D
X	**A**	P	Ö	A	W	E	L	C	H	E	R
M	K	**L**	C	L	Z	D	Q	U	A	A	S
A	W	V	**L**	L	U	E	U	Z	A	H	I
N	R	E	X	**E**	B	R	O	P	Y	J	M
C	T	I	Y	R	**S**	A	K	Ö	M	M	A
H	Z	N	I	C	H	T	S	E	S	T	N
E	U	E	T	W	A	S	D	I	I	N	K
N	I	M	W	O	L	L	V	N	O	N	O
Ö	E	T	L	I	C	H	E	I	B	W	E
M	E	H	R	E	R	E	M	G	R	Ü	X
Ü	F	B	I	S	S	C	H	E	N	I	C

In dem Buchstabengitter sind verschiedene Indefinitpronomen versteckt: waagerecht, senkrecht und diagonal. Finde und markiere sie und trage sie in die Lücken der folgenden Sätze ein.

1. Alles ____________ hört auf mein Kommando!
2. ____________ Anfang ist schwer.
3. Das ist doch ein ____________ viel verlangt.
4. Zuerst fielen nur ein ____________ Regentropfen, dann brach das Gewitter los.
5. Das Auto gehört nicht mir, sondern ____________ unserer Nachbarn.
6. Nicht alle, aber zumindest ____________ meiner Freunde beobachteten uns.
7. In meinem Regal haben sich ____________ Bücher angesammelt.
8. Der Motor klingt nicht gut, da klappert doch ____________ .
9. Du täuschst dich, da klappert ____________ .
10. ____________ ist seines Glückes Schmied.
11. Gerade eben war er noch da, es ist ____________ halbe Stunde her.
12. Das kann ____________ auch anders sehen!
13. An ____________ Tagen klappt einfach gar nichts.
14. Kaum waren wir im Wald, kamen ____________ Jäger auf uns zu.
15. Keine Sorge, ____________ wird schon noch kommen.

Relativpronomen

8

Wörter, die sich auf ein Nomen, ein Pronomen oder einen ganzen Satz beziehen, heißen **Relativpronomen** (bezügliche Fürwörter): *welcher, welche, welches, der, die, das, wer, was*. Numerus und Genus des Relativpronomens hängen vom zugehörigen Nomen oder Pronomen ab, der Kasus richtet sich nach der Rolle, die das Relativpronomen im Nebensatz (Relativsatz) spielt (Subjekt, Objekt usw.): Der Marterpfahl, *den* (Akkusativobjekt) jeder Indianerstamm verehrt, ist farbenprächtig.
Achtung: Das Relativpronomen kann man leicht mit dem Demonstrativpronomen verwechseln. Wenn *der, die, das* durch *dieser, diese, dieses* ersetzbar ist, so liegt ein Demonstrativpronomen vor. Können sie durch *welcher, welche, welches ersetzt* werden, handelt es sich um ein Relativpronomen:
Den Büffel allein zu erjagen, *das* (= dieses) liegt ihm fern. (Demonstrativpronomen)
Ein Indianerkind, *das* (=*welches*) Kriegsbemalung anlegt, ist nicht gefährlich. (Relativpronomen)

1 Auf welche Wörter im Satz beziehen sich die markierten Relativpronomen? Umkreise sie mit einer Lassoschlinge.

1. Mit lautem Wiehern galoppiert das Pferd, **das** der Indianer fangen will, zurück zur Herde.
2. Wer dem Häuptling eine Adlerfeder bringt, **der** wird von ihm zum Krieger ernannt werden.
3. Der Marterpfahl, **der** dort geschnitzt wird, gehört dem Häuptling.
4. Der Sohn hatte alles, **was** sich ein Häuptling von einem Sohn erhofft.

Relativpronomen

2 Setze in die Lücken die richtigen Relativpronomen *der, die, das* und *welcher, welche, welches* ein. Bedenke Kasus, Genus und Numerus.

1. „Langnase" hieß ein maskierter Erwachsener, der / welcher ungehorsame Kinder mit Späßen ärgerte, bis sie wieder brav zu sein versprachen.
2. Indianerjungen, ____ / ____ fünf bis sechs Jahre alt sind, haben bereits ihr eigenes Pferd.
3. Ein Indianermädchen, ____ / ____ in diesem Alter war, musste der Mutter beim Brennholz- und Nahrungssammeln helfen.
4. Mit Hilfe von Rauchzeichen, ____ Entschlüsselung nicht ganz einfach ist, konnte man sich über weite Entfernung verständigen.
5. Wenn Heilpflanzen Krankheiten nicht heilen konnten, rief man den Medizinmann, ____ / ____ der ganze Stamm volles Vertrauen schenkte.
6. Die Indianer verehrten alte Menschen, ____ / ____ man aufgrund ihrer Lebenserfahrung im Ältestenrat wichtige Entscheidungen überließ.

3 Bilde mit den Satzteilen und den Relativpronomen korrekte Sätze.

1. Krieger ist / trägt eine Adlerfeder
   Wer Krieger ist, der trägt eine Adlerfeder.
2. der Häuptling befiehlt / wird von allen befolgt
   ____.
3. auf dem täglichen Speiseplan steht / bestimmt die Natur
   ____.
4. in Not geraten ist / gibt Rauchsignale
   ____.

Wenn die Schwester nicht wär' ...

Oma: Hallo, Iris! Hier ist die Oma, ist denn dein Bruder auch da?
Iris: Nein, Omi, der ist unter der Dusche.
Oma: Schade, ich wollte nur wissen, ob unser Geburtstagsgeschenk angekommen ist und ob er sich darüber gefreut hat.
Iris: (ruft nach hinten) Pascal, die Oma ist am Telefon; hast du dich über das Geschenk gefreut?
Pascal: Ja, sag ihr, dass ich mich darüber gefreut habe.
Iris: (in den Hörer) Omi, Pascal hat sich über euer Geschenk gefreut.
Omi: Schön, dann freuen wir uns auch.
Iris: (ruft nach hinten) Pascal, sie freuen .... darüber, dass du .... freust.

1 Trage die richtigen Wörter in die Äußerung von Iris ein.

Reflexivpronomen sind **rückbezügliche Fürwörter**.
Man unterscheidet die Reflexivpronomen abhängig von der Verbform:
a) Bei unecht **reflexiv verwendeten Verben** erhält das Reflexivpronomen **Satzgliedfunktion** und bezieht sich auf das Subjekt:

Die Katze (*Subjekt*) putzt *sich* (*Akkusativobjekt*).

Der Kasus des Reflexivpronomens richtet sich nach seiner Satzgliedfunktion. Es kann folgende Rollen einnehmen:

Die Katze putzt *sich*. (*Akkusativobjekt*)
Er gönnt *sich* ein Eis. (*Dativobjekt*)
Er spottet *seiner*. (*Genitivobjekt*)
Achte *auf dich*. (*Präpositionalobjekt*)

Numerus und Person des Reflexivpronomens richten sich nach dem Subjekt:

Du wäschst *dich*.
Sie waschen *sich*.

b) Bei **echten reflexiven Verben** dagegen (*sich schämen, sich aneignen*) gehört das Reflexivpronomen zum Prädikat. Es hat **keine eigene Satzgliedfunktion** und ist darum auch nicht erfragbar. Du erkennst es daran, dass man es **nicht weggelassen** kann.

Er schämt sich. (Richtig)
~~Er schämt.~~ (Falsch)

Reflexivpronomen

2 Setze in die folgenden Sätze die korrekten Reflexivpronomen ein.

1. Das Affenbaby hat sich schwer verletzt.
2. Wir kaufen ______________ ein neues PC-Spiel.
3. Valentin und Florian ärgern ______________ maßlos über die vielen Hausaufgaben.
4. Ich bin ______________ ganz sicher.
5. Liebe Schülerinnen und Schüler, ihr habt ______________ die Pause verdient.
6. Tim hat sein Navigationssystem immer bei ______________ .
8. Marina denkt immer nur an ______________ .

3 Markiere das Reflexivpronomen und entscheide dann für das Verb: echtes reflexives Verb (erV) oder unecht reflexiv verwendetes Verb (urV)?

	erV	urV
1. Markus wäscht **sich** die Hände.		X
2. Im Gartenlabyrinth hast du dich verirrt.		
3. Der Lehrer: Achtet gut auf euch!		
4. Ich erinnere mich nicht mehr daran.		
5. Du solltest dir keine Sorgen machen.		
6. Wir sollten uns beeilen.		
7. Sie fürchten sich vor dem Gang nach Hause.		
8. Britta und Oliver adressieren den Brief an sich.		
9. Über derlei Dinge ärgert sie sich gerne maßlos.		

4 Markiere in den folgenden Sätzen das Reflexivpronomen und bestimme seine Satzgliedfunktion. Um welches Objekt handelt es sich jeweils?

1. Ich gefalle mir am besten. (______________)
2. Schallend lachen sie über euch. (______________)
3. Mit diesem Verhalten spottest du deiner. (______________)
4. Während der Wanderung habt ihr euch verletzt. (______________)

Absender

bitte
ausreichend
freimachen

Name, Vorname

Straße

Land, PLZ, Ort

E-Mail-Adresse

Schulklasse

Name der Schule

Geburtsdatum

Mit der Rücksendung dieser Karte erkläre ich mich einverstanden, dass ich in Ihre Informationskartei aufgenommen werde und dass die eingesandten Beiträge von der Ernst Klett Sprachen GmbH veröffentlicht werden dürfen.

Antwort

Ernst Klett Sprachen GmbH
PONS Produktion
Postfach 106016

70049 Stuttgart

Schreib uns deine Meinung!

Lieber Schüler, liebe Schülerin,
wie findest du dieses Produkt? Deine Meinung ist uns wichtig, damit unsere Wörterbücher und Lernhilfen in Zukunft noch besser zu deinen Wünschen und Bedürfnissen passen.
Schreib uns - ganz ehrlich - deine Meinung!

Zu gewinnen gibt es 3 iPods und 20 Büchergutscheine à 25 Euro.

Zu welchem PONS-Produkt schreibst du uns?

Titel:

Sprache:

Wer hat das Produkt gekauft?

☐ du selbst ☐ Eltern/Familienmitglieder ☐ Klassenbestellung

Sonstiges: ______

Wie hast du zum ersten Mal von dem Produkt erfahren?

☐ von Freunden ☐ vom Lehrer ☐ von Eltern ☐ Internet
☐ Buchhandel

Sonstiges: ______

Wo benutzt du das Produkt?

☐ zu Hause ☐ in der Schule

Sonstiges: ______

W600071

War das Produkt

☐ besser als du dachtest? ☐ in Ordnung? ☐ nicht hilfreich?

Warum?

______

______

Was sollte deiner Ansicht nach besser sein?

Deine Anregungen:

______

______

Hast du Bemerkungen zum Produkt oder zu PONS allgemein?

______

______

______

☐ Ich möchte in Zukunft über Neuigkeiten im PONS-Programm informiert werden.

Danke und viel Glück beim Gewinnspiel!

www.pons.de

1 Weise dem Fachbegriff die deutsche Bezeichnung zu. Welche Beispielpronomen gehören jeweils zu dem Fachbegriff? Verbinde sie mit Linien.

Fragewort Hinweisendes Fürwort
Rückbezügliches Fürwort Bezügliches Fürwort
Unbestimmte Fürwörter Unbestimmte Für- und Zahlwörter

1. Indefinitpronomen ______________ mich, sich

2. Relativpronomen ______________ der, die, welche

3. Reflexivpronomen ______________ einige, jemand

4. Demonstrativpronomen ______________ dieses, jenes

2 Kreuze die richtigen Erläuterungen an und markiere die Fehler in den falschen.

1. Mit Demonstrativpronomen kannst du eine begrenzte Menge oder ein begrenztes Maß unbestimmt ausdrücken.
2. Indefinitpronomen sind unbestimmte Fürwörter, mit denen du Lebewesen oder Dinge bezeichnen kannst, die du nicht genau bezeichnen willst oder kannst.
3. Demonstrativpronomen zeigen förmlich mit dem Zeigefinger auf das von ihnen Bezeichnete.
4. Interrogativpronomen können eine gewisse räumliche oder zeitliche Nähe bzw. Entfernung auszudrücken.
5. Genus und Numerus eines Demonstrativpronomens verändern sich niemals.
6. Relativpronomen können sich auf Nomen oder Pronomen eines umgebenden Satzes beziehen, aber niemals auf einen vollständigen Satz.
7. „der, die, das" sind keine Relativpronomen, wenn man sie durch „dieser, diese, dieses" ersetzen kann.
8. Das Reflexivpronomen bezieht sich immer auf das Objekt des Satzes.
9. In Person und Numerus richten sich die Reflexivpronomen immer nach dem Subjekt.

3 Setze die korrekten Reflexivpronomen ein.

1. Uwe und Florian ärgern __________ darüber sehr.

2. Bei dem Sturz taten wir beide __________ weh.

3. Darüber darfst du __________ doch sehr freuen.

Test 3

4 Bestimme die markierten Pronomen in den folgenden Sätzen. Kreuze an, und ermittle so das Lösungswort: _ _ _ _ _ _ _ _ _ _ _ _ _

(Abkürzungen: Indefinitpronomen = IP, Reflexivpronomen = RefP, Relativpronomen = RelP, Demonstrativpronomen = DP.)

Satz	IP	RefP	RelP	DP
1. **Dieses** Traumtor werde ich in meinem ganzen Leben nicht vergessen.	S	T	K	G
2. Die Hausaufgaben machten zuweilen **einige** Mühe.	R	O	A	I
3. Das wundert **mich** sehr.	L	A	N	E
4. Es war **jener** Sommer, der uns jeden Tag ins Freibad lockte.	L	T	H	M
5. Es war jener Sommer, **der** uns jeden Tag ins Freibad lockte.	E	K	M	I
6. Nomen schreibt man immer groß, **das** sollte euch mal jemand erklären.	S	U	T	A
7. Nomen schreibt man immer groß, merkt **euch** das endlich.	P	T	R	E
8. Nomen schreibt man immer groß, das sollte euch mal **jemand** erklären.	I	A	S	K
9. Der Lehrer war heute wieder sehr freundlich, **was** uns gefallen hat.	O	N	K	L
10. Der Lehrer war heute wieder sehr freundlich, **das** hat uns gefallen.	E	M	I	S
11. Ich habe **niemanden** gesehen, der die Treppe herauf kam.	P	F	O	R
12. Ich habe niemanden gesehen, **der** die Treppe herauf kam.	T	P	A	C
13. Du bist **der**, der der Frau über die Straße half.	H	R	S	ß

5 Verbinde die folgenden Sätze mit Hilfe von Relativpronomen zu einem Satz.

1. Mein Hase hat ein schwarzweißes Fell. Mein Hase kuschelt sehr gerne.

   Mein Hase, der sehr ... ______________________________.

2. Ich sammle Fußballklebebilder. Ich habe die zweitgrößte Sammlung der Schule.

   ______________________________.

3. Ich spiele sehr gerne Monopoly. Monopoly ist eines der bekanntesten Spiele der Welt.

   ______________________________.

4. Meine Mitschüler sind sehr nett. Meine Mitschüler singen mir ein Geburtstagslied.

   ______________________________.

Party-Pizza-Panne gerade noch verhindert

Marie erzählt vom Beginn ihrer Geburtstagspartynacht:
Ich feierte meinen Geburtstag diesmal nur mit fünf Freundinnen, **da** ich ein Pizzaessen mit anschließender Übernachtung machen wollte. **Als** ich gegen 19.00 Uhr gerade die Pizza in den Ofen geschoben hatte, klingelten die ersten beiden Gäste. Nicole und Lena standen vor der Tür **und** streckten mir ihre Geschenke entgegen. **Nachdem** sie hereingekommen waren, klingelte es schon wieder, **und** Charlotte, Karla und Britta standen mit ihren Schlafsäcken im Treppenhaus. **Weil** ich so schrecklich neugierig war, machte ich mich gleich über die Geschenke her, **aber** ich vergaß dabei völlig die Pizza im Ofen. **Während** ich gerade Brittas Geschenk auspackte, machte sich ein scharfer Geruch in der Wohnung breit. **Obwohl** ich lieber weiter ausgepackt hätte, stürzte ich in die Küche **und** riss den Ofen auf. **Denn** die Pizza war schon fast zu lange darin.

Die im Text hervorgehobenen Wörter stellen bestimmte Zusammenhänge zwischen den Vorgängen her, sie verbinden die einzelnen Informationen in bestimmter Weise – z.B. als Begründung (*da* ...) oder als zeitliches Verhältnis (*als/nachdem* ...). Solche Wörter, die also Teile von Sätzen oder ganze Sätze miteinander verbinden, nennen wir **Konjunktionen** (Verbindungswörter, Bindewörter). Wenn sie gleichartige Wörter, Wortgruppen oder Sätze verbinden, bezeichnen wir sie als **nebenordnend**. Verbinden sie Hauptsätze und Gliedsätze, nennt man sie **unterordnend**. Solche Konjunktionen werden auch als **Subjunktionen** bezeichnet. Beispiele: Hat Britta *oder* Nicole Marie die Ohrringe geschenkt? (*Konjunktion*)
Marie schaute nicht gleich nach der Pizza, *da* sie zu neugierig war. (*Subjunktion*)
In aller Regel reicht es aber, wenn du feststellst, dass ein Wort zur Wortart Konjunktion gehört – wie z.B.: *als, nachdem, seit, da, weil, während, obwohl, dass, sodass, und, oder.*

1 Setze die Konjunktionen an der passenden Stelle in die Fortsetzung von Maries Erzählung ein.

wenn aber und dass

Ich stellte erleichtert fest, ________ die Pizza noch nicht verbrannt war. Es wäre auch zu blöd gewesen, ________ meine Geburtstagspartynacht so begonnen hätte! ________ so stand der guten Stimmung nichts im Wege. ________ ich machte mich daran, die Pizza in Stücke zu schneiden.

Konjunktionen

2 Schreibe die unterstrichenen Konjunktionen als „Belag“ auf die passende Pizza.

Das Pizzaessen

Zum Glück waren der Boden der Pizza sowie ihr Belag nur ziemlich braun, aber nicht verbrannt. Wir setzten uns um den Esstisch, und jeder nahm sich ein großes Stück. Da die Pizza noch ganz schön heiß war und wir uns nicht den Mund verbrennen wollten, quatschten wir erst noch ein bisschen. Als wir uns überlegt hatten, was wir nach dem Essen machen wollten, rief Karla: „Jetzt habe ich einen mächtigen Kohldampf, denn ich habe seit dem Frühstück nichts mehr gegessen.“ Nachdem der erste Hunger gestillt war, fragte Britta, ob wir nicht eine meiner neuen CDs hören könnten. Ich konnte mich nicht entscheiden, ob ich die von meinen Eltern oder die von Charlotte und Karla nehmen sollte. Britta meinte, dass das ganz egal sei, weil wir im Verlauf des Abends ja sowieso beide hören könnten. Nach dem Essen drehte ich dann die Musik um einiges auf, damit wir tanzen konnten. Obwohl unsere Nachbarn etwas empfindlich sind, haben sie sich diesmal zum Glück nicht geärgert.

3 Verbinde die beiden Sätze mit den Konjunktionen.

weil sodass denn

Sie waren am nächsten Morgen sehr müde. Sie hatten in der Nacht kaum geschlafen.

1. *Sie waren ...* .
2. .
3. .

Ausflug mit der Hockeymannschaft

Mara ruft mit dem Handy ihre Freundin Julia an.

Mara: Hallo, Julia. **Morgen** fahre ich mit meiner Hockeymannschaft weg.
Julia: **Wann?**
Mara: **Morgen**. Es geht an den Bodensee. **Dort** haben wir ein Turnier.
Julia: **Wo** ist das Turnier?
Mara: Na **dort**, am Bodensee. Sag mal, bist du schwerhörig?
Julia: Hast du etwas gesagt? Ich verstehe dich **kaum**.
Mara: **Wie** verstehst du mich?
Julia: **Kaum**! Siehst du, es geht dir wie mir. Die Verbindung muss schlecht sein. **Deshalb** verstehen wir uns nicht recht.
Mara: **Was** meinst du? **Wieso** verstehen wir uns nicht recht? – Na, egal. Ich ruf dich **nachher** einfach nochmal von zu Hause an.
Julia: **Wann** rufst du mich nochmal an?

Im Gespräch zwischen Mara und Julia sind die Wörter nicht zu verstehen gewesen, die die Umstände einer Handlung oder eines Geschehens genauer kennzeichnen. Solche Wörter nennen wir Adverbien (Singular: Adverb). Sie sind unveränderliche Wörter (gehören zu den Partikeln).
Die meisten Adverbien kann man in folgende Gruppen einteilen:

- Lokaladverbien, die auf die Frage *wo*? antworten (z.B. dorthin, unten),
- Temporaladverbien, die auf die Frage *wann*? antworten (z.B. morgen, vorher),
- Kausaladverbien, die auf die Frage *wieso/warum*? antworten (z.B. deshalb, daher),
- Modaladverbien, die auf die Frage *wie*? antworten (z.B. sehr, kaum, nicht).

Adverbien können auch Adjektive (z.B. sehr laut, nicht müde) oder andere Adverbien (z.B. nur heute, genauso dort) genauer bestimmen.

1 Füge jeweils das Adverb ein. Gib an, zu welcher Gruppe von Adverbien es gehört.

Am nächsten Morgen bietet Maras Mutter an:

1. „Wenn du willst, bringe ich dich zum Bahnhof (gerne).

Wenn du willst, bringe ... ______ . (______)

2. Und ich kann dich abholen (übermorgen)."

______ . (______)

Adverbien

2

Adverb
Adjektiv
Präposition

deutlich sehr unten einfach hinter deswegen vielleicht oberhalb neulich häufig nur nun über drüben nie nicht ebenso wegen nach statt nachher gerne aufgrund wirklich genau genauso

Adverbien: *sehr ...*

Adjektive: *deutlich ...*

Präpositionen: *hinter ...*

3 Markiere im Text die Lokaladverbien blau, die Temporaladverbien grün, die Kausaladverbien rot und die Modaladverbien gelb.

Nur eine Minute trennt Maras Mannschaft vom Turniersieg. Dann können sie jubelnd ihre Hockeyschläger in die Luft strecken. Oh nein, bloß das nicht! Mara hat den Ball unglücklich an den Fuß bekommen. Deshalb gibt es jetzt von links eine Strafecke für die Gegner. Maras Mannschaft hat auf der Torauslinie Aufstellung genommen. Alle schauen äußerst konzentriert nach vorne. Sie wollen so kurz vor Schluss den Sieg festhalten. Da wird die Ecke hereingegeben, gestoppt, eine Gegnerin holt sehr weit aus, verliert daher etwas Zeit – und eine Mitspielerin Maras kann den Schuss abblocken. Mara ist ziemlich erleichtert. In diesem Moment pfeift die Schiedsrichterin ab, Mara hätte es fast nicht mitbekommen. Nun wird sie aber von ihren jubelnden Mitspielerinnen mitgerissen. Sie laufen zum Mittelkreis. Dort soll sofort nach Spielschluss die Siegerehrung stattfinden.

4 Werden in den Sätzen durch Adverbien Adjektive oder weitere Adverbien genauer bestimmt? Unterstreiche alle Adverbien und notiere die Kombinationen.

Dieses Jahr haben wir ziemlich oft gewonnen. Nach diesem Turnier waren wir aber sehr müde. Nur deswegen dauerte die Siegesfeier nicht lange. Die Heimfahrt verlief recht ruhig. Trotzdem war dieser Turniersieg besonders schön, vielleicht weil er so knapp war. Als wir zu Hause ankamen, war es fast schon Mitternacht.

Adverb + Adjektiv: *sehr müde ...*

Adverb + Adverb: *ziemlich oft ...*

1 Adverb oder Präposition? Notiere jeweils in der Klammer.

1. hier (____________________)
2. nach (____________________)
3. vor (____________________)
4. oben (____________________)
5. hinter (____________________)
6. oberhalb (____________________)
7. hinten (____________________)
8. drüben (____________________)
9. neben (____________________)
10. rückwärts (____________________)

2 Finde die Konjunktionen und kreuze sie an.

denn
nicht
solange
mit
aber
über
oberhalb
weil
seit
nur
seit
indem
laut
beziehungsweise
hauptsächlich
das
dass
wegen
sondern
statt
sowie
wofür
welcher
aufgrund
was
und
sodass
oder
obwohl
damit

3 Richtig oder falsch? Kreuze an.

1. *Obwohl* ist eine nebenordnende Konjunktion.
2. Konjunktionen können nur am Satzanfang stehen.
3. Partikeln können nicht gesteigert werden.
4. *Trotzdem* ist eine nebenordnende Konjunktion.
5. Zwei Adverbien können nie aufeinander folgen.
6. Modale Adverbien bestimmen den Grund eines Vorgangs.
7. *Wegen* ist ein kausales Adverb.
8. *Denn* ist eine Subjunktion.
9. *Sehr, kaum* und *nicht* sind modale Adverbien.

Test 4

4 Markiere im folgenden Text die nebenordnenden Konjunktionen blau und die unterordnenden rot. Markiere die Adverbien grün.

Ritter Rudi ritt müde und erschöpft durch die Landschaft. Obgleich er dem Einschlafen nahe war, wollte er noch heute seine Burg erreichen. Aber er war noch immer in einer ihm unbekannten Gegend, sodass er an mancher Weggabelung nicht recht wusste, ob er sich nach rechts oder links wenden sollte.
Da näherte sich ihm von vorne im Gegenlicht der bereits tiefstehenden Sonne eine mächtige Gestalt, und Ritter Rudi verlangsamte das sowieso schon schleppende Tempo. Da er sein Gegenüber nicht genau erkennen konnte, kniff er seine Augen zusammen. Das half auch nicht. Dass er beim Turnier seine Lanze eingebüßt hatte, war jetzt ein noch schmerzlicherer Verlust. Sein Helm sowie sein Brustpanzer waren verbeult, das Schwert war kaum aus der verrosteten Scheide zu ziehen: Im Ganzen machte Ritter Rudi nicht nur einen erschöpften, sondern auch jämmerlichen Eindruck. Die mächtige Gestalt wurde immer größer und bedrohlicher.
So ließ er sich von seinem Gaul der Gefahr entgegentragen, denn zum Umdrehen und Davonreiten fehlte ihm die Energie. Damit er wenigstens nicht alles einfach so über sich ergehen ließ, gab sich Ritter Rudi einen Ruck, ruckelte das Schwert aus der Scheide und ritt einigermaßen stürmisch auf das ungeheuere Ungetüm los, indem er das Schwert, soweit seine Kraft noch ausreichte, immer wieder halbwegs wütend in die Luft stieß. Als er dann freilich auf Widerstand traf, spürte er nur noch einen gewaltigen Hieb, sodass er wie ein Sack zu Boden fiel.
Beim Aufwachen im Morgengrauen musste er feststellen, dass sein Helm eine weitere Beule hatte: Sein wilder Ritt hatte an einem „ungeheuer“ dicken Baumstamm sein jähes Ende gefunden.

Subjekt, Prädikat, Objekte (Wiederholung)

12

Zeitreisen

1 Paul möchte in die Vergangenheit reisen, aber ich will nicht ins alte Rom. Deshalb mache ich da nicht mit.

Wer bin ich? (Tipp: Ich bin ein Satzglied.) ______________________________

Steigt aus dem Zeitreisen-Zug. Blickt sich erstaunt um. Sind lustig gekleidet, ganz anders als die Leute bei ihm zu Hause. Betritt das Forum Romanum; betrachtet ihn misstrauisch. Soll weitergehen oder lieber schnell wieder in den Zeitreisen-Zug steigen und zurückfahren?

2 Schreibe den Text um und ergänze dabei die fehlenden Subjekte.

die Menschen   Paul   er   ein Mann   ~~Paul~~   er

Paul steigt aus ... ______________________________

____

____

______________________________.

3 Auf seiner Zeitreise gelangt Paul auch zu einer mittelalterlichen Burg. Markiere die Prädikate blau und die Objekte grün.

Paul erblickt den Turm mitten in der Burg, den Bergfried. Dorthin flüchteten die Ritter, wenn die Feinde in die Burg eindrangen. Im Bergfried lagerten Vorräte und vieles andere, was die Ritter zum Überleben brauchten.

Ein Satz besteht aus **Satzgliedern**. Das sind einzelne Wörter oder Wortgruppen, die zusammengehören und auch bei veränderter Satzstellung stets zusammenbleiben.
Welche Wörter zusammen ein Satzglied bilden, kannst du durch die **Umstellprobe** ermitteln.
Wichtige Satzglieder sind das **Subjekt**, das **Prädikat** und die **Objekte**. Wir unterscheiden das Genitiv-, Dativ-, Akkusativ- und Präpositionalobjekt.
Das Prädikat steht im Aussagesatz immer an zweiter Stelle (bei mehrteiligen Prädikaten die konjugierte Verbform).

Subjekt, Prädikat, Objekte (Wiederholung)

4 Ändere in den folgenden Sätzen die Satzstellung, indem du das Objekt an den Anfang stellst. Bestimme jeweils in Klammern die Art des Objekts.

1. Im mittelalterlichen Kloster stöhnt Paul über das frühe Aufstehen.

   Über das frühe Aufstehen ... .

   ( )

2. Fasziniert hört er im antiken Athen den Rednern zu.

   .

   ( )

3. Mit Spannung verfolgt er die Ritterturniere.

   .

   ( )

4. Bei Hannibals Alpenüberquerung mit den Elefanten ist Paul der Anstrengungen bald überdrüssig.

   .

   ( )

5. Daraufhin genießt er in den römischen Thermen die Ruhe.

   .

   ( )

5 Markiere im folgenden Text die Subjekte rot und die Prädikate blau.

Im antiken Rom steigt Paul wieder in den Zeitreise-Zug. Dieser soll ihn zurück in die Gegenwart bringen. Allerdings schläft Paul auf der Fahrt ein. Beim Aufwachen blinzelt er und schaut müde aus dem Fenster. Da stehen eigenartige Häuser; sie scheinen aus Plastik zu bestehen. Menschen gibt es anscheinend keine, oder sie treiben sich zumindest nicht draußen herum. Am Himmel hängen Leuchtstoffröhren – am Himmel? Diese Stadt ist überdacht! Paul reibt sich die Augen. Wo ist er gelandet? Träumt er noch? Da wird es ihm klar: Er ist nicht rechtzeitig ausgestiegen. Die Gegenwart ist schon vorbei, und er ist in die Zukunft geraten. Schnell steigt er aus. Er will unbedingt den nächsten Zug zurück erreichen.

Prädikativ (Prädikatsnomen)

13

1 Wer bin ich?

Man kann mich nehmen, doch nicht pflücken.
Stellt man mich weg, zeig ich den Rücken.
Ich gehe meistens nicht entzwei,
schlägt man mich auf – bin ja **kein Ei**!
Da bleib ich **völlig unversehrt**.
Und wenn man was mit mir beschwert,
dann wird es wieder **platt und glatt**,
sodass es keinen Knick mehr hat.
Manch einem gelte ich als **Schatz**;
Manch einer gibt mir wenig Platz.
Ich bin **mal dick und auch mal dünn**
Mit vielen Dingen in mir drin.
In mir gibt's Witze, Bilder, Lieder.
Ich hab unglaublich viele Brüder.
Und dem, der gerne denkt und träumt,
erweis ich mich als **wahrer Freund**.

2 In welchem Kasus steht das Satzglied, zu dem das Lösungswort gehört?

______

3 Im Gedicht kommt es immer wieder vor, dass ein Satzglied nach bestimmten Verben im Nominativ steht (jeweils fett gedruckt), ohne das Subjekt zu sein. Welche Verben sind das? Notiere sie im Infinitiv.

sein … ______

______

Auf Verben wie *sein, werden, bleiben, gelten als, sich erweisen als* folgt häufig ein Satzglied, das im **Nominativ** steht, jedoch nicht das Subjekt des Satzes ist. Da sich dieses Satzglied eng auf das Prädikat bezieht, nennen wir es **Prädikativ** (**Prädikatsnomen**). Es wird im Kern **durch ein Nomen oder ein Adjektiv gebildet**, die freilich durch andere Wortarten (Artikel, Adverb etc.) ergänzt sein können. Beispiele: Ich bin *müde*. Er ist ein *Popstar*.

Prädikativ (Prädikatsnomen)

4 Pit hat gestern zum ersten Mal ein Hallenhandball-Bundesliga-Spiel live gesehen. Er war so beeindruckt, dass er beschließt, eine Reportage für die Schülerzeitung zu schreiben. So beginnt sie:

Zum ersten Mal bei einem Spiel der Handball-Bundesliga

Plötzlich wurde es in der Halle dunkel. Nur der Lichtpunkt eines Spots war zu sehen. Die Musik war ohrenbetäubend laut. Da kam der erste Spieler herein; es war der Torhüter der Heimmannschaft. Der Lichtkegel fing ihn ein und begleitete ihn bis zur Hallenmitte. Der Rest der Halle blieb dunkel. Das Publikum jubelte und klatschte; der Torhüter schien der Star der Mannschaft zu sein. Er sollte sich auch später im Spiel als fast unüberwindlich erweisen. Nach und nach kamen die weiteren Spieler, alle mit großem Applaus bedacht. Das Heimteam galt als Favorit. Als dann das Spiel begann, hörte die Musik auf, es blieb aber doch ziemlich laut in der Halle, da inzwischen die Trommeln der Fans eingesetzt hatten. Die Stimmung war einfach toll.

Ermittle die Prädikative in Pits Reportage. Manche haben in ihrem Kern ein Adjektiv, die anderen ein Nomen. Sortiere sie entsprechend in die Handballtore ein.

5 Bestimme von folgenden Redensarten, Sprichwörtern, Zungenbrechern die Subjekte und die Prädikative.

	Subjekt	Prädikativ
1. Jeder ist seines Glückes Schmied.	___	___
2. Blaukraut bleibt Blaukraut,	___	___
und Brautkleid bleibt Brautkleid.	___	___
3. Niemand ist vollkommen.	___	___

1 Welcher Begriff passt nicht in die Reihe? Klammere ihn ein und finde die passende Begründung.

a) einzige Verbform unter Satzgliedern

b) einziges Satzglied unter Wortartbezeichnungen

c) einzige Kasusbezeichnung unter Satzgliedern

d) Steigerungsform unter Wortarten

1. Prädikativ – Akkusativ – Subjekt – Dativobjekt Begründung ____________
2. Präposition – Artikel – Nomen – Präpositionalobjekt Begründung ____________

2 Bestimme die farbig markierten Satzglieder.

1. Wenn Fliegen (1) hinter Fliegen fliegen (2), fliegen Fliegen (3) Fliegen (4) hinterher.

Fliegen (1): ______________________________

fliegen (2): ______________________________

Fliegen (3): ______________________________

Fliegen (4): ______________________________

2. Fischers Fritz (1) fischt (2) frische Fische; frische Fische (3) fischt Fischers Fritz.

Fischers Fritz (1): ______________________________

fischt (2): ______________________________

frische Fische (3): ______________________________

3 Richtig oder falsch? Kreuze an.

Aussage	**richtig**	**falsch**
1. Im Aussagesatz steht das Subjekt immer vor dem Prädikat.	●	●
2. Das Prädikativ ist ein Objekt im Nominativ.	●	●
3. Ein Personalpronomen kann allein ein Satzglied bilden.	●	●
4. Auf das Verb *gedenken* folgt ein Dativobjekt.	●	●
5. Das Verb *bleiben* kann ein Prädikativ nach sich ziehen.	●	●

Test 5

4 Markiere und bestimme die Objekte. Gib an, aus welchen Wortarten sie zusammengesetzt sind.

1. Über das Geschenk hat sie sich sehr gefreut.

   Art des Objekts: ______________________

   Wortarten: ______________________________________

2. Sie dankte ihm sehr dafür.

   Art des Objekts: ______________________

   Wortarten: ______________________________________

3. Das Spiel hatte sie sich schon lange gewünscht.

   Art des Objekts: ______________________

   Wortarten: ______________________________________

4. Sie hatte häufig von diesem Spiel gehört.

   Art des Objekts: ______________________

   Wortarten: ______________________________________

5 Ändere zunächst die Satzstellung (Umstellprobe). Bestimme dann alle Satzglieder und notiere die Bestimmung darüber.

1. Marco ist ziemlich nervös.

   Prädikativ ____ ____

   Umstellung: Ziemlich nervös ist Marco.

2. Er hat viele Freunde zu seiner ersten Party mit Übernachtung eingeladen.

   Umstellung: ______________________________________.

3. Die meisten werden ihm ein Geschenk mitbringen.

   Umstellung: ______________________________________.

Adverbialien (Bildung)

Rekordverdächtig

1. Der trockenste Ort der Erde (die Atacama Wüste) liegt in Chile.
2. Um Jericho, die erste Stadt der Welt, wurde immer gekämpft.
3. Jimmy Angel, der Entdecker des höchsten Wasserfalls der Erde (Angel-Wasserfall in Venezuela), war ein Goldsucher. Er blieb oberhalb des Wasserfalls mit seinem Flugzeug stecken und musste dort elf Tage geduldig warten, um weiterzukommen.
4. Im Toten Meer (dem salzhaltigsten Meer der Erde) können wegen des hohen Salzgehalts keine Fische leben.
5. Der Gepard ist das schnellste Säugetier der Welt (bis zu 100 km/h). Er kann jedoch nur eine Minute lang so schnell laufen.

1 In den Sätzen, die du gerade gelesen hast, erhältst du unter anderem Informationen zu folgenden Fragen. Schreibe die Satzglieder heraus, die die entsprechenden Antworten beinhalten.

1. **Wo** liegt der trockenste Ort der Erde? *In Chile* .
2. **Wann** wurde um Jericho gekämpft? ______ .
3. **Wie** musste Jimmy Angel auf seine Bergung warten? ______ .
4. **Warum** können im Toten Meer keine Fische leben? ______ .
5. **Wie** kann ein Gepard nur eine Minute lang laufen? ______ .

2 Aus welchen Wortarten sind die folgenden Adverbialien gebildet?

1. in Chile: *präpositionaler Ausdruck (von einer Präposition eingeleitet)*
2. immer: ______
3. geduldig: ______

Adverbialien (Singular: das Adverbiale) sind Satzglieder. Sie drücken aus, unter welchen Umständen bzw. in welcher Art und Weise etwas geschieht; man nennt sie auch adverbiale Bestimmungen (Umstandsbestimmungen). Sie geben Antwort auf Fragen wie *Wann*? *Wo*? *Warum*? *Wozu*? *Wie*? *Womit*? Adverbialien werden häufig von **präpositionalen Ausdrücken**, **Adverbien** oder **Adjektiven** gebildet.

Adverbialien (Bildung)

3 Frage nach den farbig markierten Adverbialen.

1. Der Nil ist der längste Fluss der Erde; er mündet ins Mittelmeer.

   Frage: *Wo mündet ...* ______________________________ .

2. Der wasserreichste Fluss der Erde ist der Amazonas. Die Spanier haben ihn bereits im 16. Jahrhundert entdeckt.

   Frage: ______________________________ .

3. An der Mündung in den Atlantik ist der Amazonas wegen des mitgeführten Schlamms ganz gelb.

   Frage: ______________________________ .

4. Der Jangtse, der drittlängste Fluss der Erde, fließt durch China. Seine Mündung liegt in der Nähe von Shanghai.

   Frage: ______________________________ .

4 Werden die fett gedruckten Adverbialien durch einen präpositionalen Ausdruck (P.A.), ein Adverb (Adv.) oder ein Adjektiv (Adj.) gebildet? Kreuze an.

	P.A.	Adv.	Adj.
1. Es leben **heute** ungefähr 6,5 Milliarden Menschen auf der Erde.			
2. Die meisten Kinder leben **in Afrika**.			
3. Die Weltbevölkerung wächst **rasant**.			
4. **Im Jahr 2050** werden es über 9 Milliarden Menschen sein.			
5. **Zur Beschränkung des Bevölkerungswachstums** wurde in China ein Gesetz erlassen, wonach jede Familie nur ein Kind haben darf.			
6. **Aus vielen Teilen der Welt** sind Menschen in die USA eingewandert.			
7. Die Mongolei hat im Verhältnis zu ihrer Fläche nur wenige Einwohner, sie ist also **dünn** besiedelt.			

Lokale Adverbialien

1 Die hervorgehobenen Satzglieder in den ersten drei Abschnitten des folgenden Textes geben Antworten auf die Fragen *wo?* bzw. *wohin?* Markiere im vierten Abschnitt die entsprechenden Satzglieder.

Ein Krimi als Fotoroman

Lisa, Mona, Daniel und Tim wollen einen Krimi-Fotoroman produzieren. Er soll **im Klassenzimmer** ausgestellt werden.

Den Text – es geht um ein geklautes Handy – haben sie bereits geschrieben. Jetzt müssen die Fotos gemacht werden. Sie verabreden sich **bei Mona zu Hause. Dort** können sie die meisten Fotos machen; und Monas Eltern sind außerdem bereit, kleinere Rollen zu übernehmen. Für ein paar Aufnahmen müssen sie allerdings auch **in die Schule** gehen – schließlich soll der Diebstahl **auf dem Pausenhof** geschehen.

Das erste Bild soll Lisa zeigen, wie sie zum Geburtstag ein Handy bekommt. Tim schlägt vor, dass sich Lisa **aufs Sofa** setzt. **Daneben** soll Monas Mutter Platz nehmen, die nun eben Lisas Mutter mimt. **Auf dem Tisch** liegt das eingepackte Handy. **Dahinter** steht eine Kerze, **drum herum** sind weitere Geschenke gelegt. Lisa streckt die Hand nach dem Päckchen mit dem Handy aus. **In ihrem Gesicht** soll gespannte Erwartung ausgedrückt sein.

In diesem Moment drückt Daniel auf den Auslöser – das erste Bild ist im Kasten. Als er jedoch die Aufnahme im Display kontrolliert, muss er feststellen, dass das Handy-Päckchen gar nicht drauf ist.

Umstandsbestimmungen, die den Ort eines Geschehens, eines Vorgangs oder eines Zustandes beschreiben (*woher? wohin? wo?*), nennen wir **lokale Adverbialien**.
Sie werden in der Regel durch **Adverbien** oder **präpositionale Ausdrücke** gebildet.

2 Gib jeweils drei weitere Beispiele für die Bildung lokaler Adverbialien aus dem Text an.

Präpositionaler Ausdruck:

1. im Klassenzimmer
2. ______
3. ______
4. ______

Adverb:

1. dort
2. ______
3. ______
4. ______

Lokale Adverbialien

3 Bilde aus den (alphabetisch sortierten) Wörtern jeweils lokale Adverbialien und füge sie an zwei möglichen Stellen in den Satz ein.

1. Für das zweite Bild packt Lisa das Handy ein. (blau / ihr / in / Rucksack)
   a) Für das zweite Bild packt Lisa das Handy in ihren blauen Rucksack.
   b) In ihren blauen Rucksack packt Lisa das Handy für das zweite Bild.
2. Ihr Bruder steht und wartet, bis sie für den gemeinsamen Schulweg bereit ist. (daneben)
   a) ______.
   b) ______.
3. Das dritte Bild zeigt Lisa, wie sie Mona ihr neues Handy zeigt. (auf / der / Schulhof)
   a) ______.
   b) ______.
4. Tim ist zu sehen; er betrachtet sie neugierig. (beide / die / hinter)
   a) ______.
   b) ______.

4 Umkreise in den folgenden Sätzen, die einen Teil des Fotoromans beschreiben, die Satzglieder und markiere jeweils die lokalen Adverbialien.

1. Zu Hause bemerkt Lisa den Verlust.
2. Sie sucht überall nach ihrem neuen Handy.
3. Nirgends findet sie es.
4. Nach kurzem Überlegen ist ihr klar: Es muss ihr in der Schule gestohlen worden sein.
5. Dorthin zurückgekehrt, trifft sie den Hausmeister, der ihr das Handy entgegenstreckt; der Finder muss es bei ihm abgegeben haben.

5 Umrahme alle Satzglieder und schreibe ihre Bestimmung jeweils darüber.

1. Das letzte Bild zeigt Lisa auf einer Parkbank.
2. In der Hand hält sie ihr Handy.

Kausale Adverbialien

1 Auf welche Fragen geben die hervorgehobenen Satzglieder Antwort? Ergänze.

Pausengespräch

1. **Clara:** Was ist eigentlich mit Sina los? Jetzt steht sie schon wieder allein da drüben herum.
2. **Conny:** Ach die, die geht mir langsam auf die Nerven. Die hält sich wohl für was Besseres.
3. **Clara:** Das kannst du so nicht sagen.
4. **Conny:** Wieso grenzt sie sich dann so von uns ab?
5. **Petra:** Vielleicht **wegen ihrer schlechten Noten** in letzter Zeit.
6. **Conny:** So ein Quatsch. **Deswegen** doch nicht.
7. **Petra:** Es kann doch sein, dass es ihr was ausmacht, dass wir meistens viel besser abgeschnitten haben.
8. **Clara:** Meinst du wirklich, dass sie **aus purem Neid** unsere Freundschaft aufs Spiel setzen würde?
9. **Petra:** Das muss ja kein Neid sein. Vielleicht ist es ihr einfach unangenehm. Oder es ist **wegen ihrer Eltern.**
10. **Clara:** Was haben die denn damit zu tun?
11. **Petra:** Es könnte ja sein, dass die ihr **aufgrund der schlechten Noten** mehr Lernzeiten aufgebrummt haben. Dann hat Sina kaum mehr Zeit für uns, will uns das aber vielleicht nicht sagen.
12. **Conny:** Das kann ich mir nicht vorstellen. So sind Sinas Eltern nicht.

5. *Weswegen grenzt sich Sina ab* ?

6. *Weswegen nicht* ?

8. ______________________________ ?

9. ______________________________ ?

11. ______________________________ ?

Satzglieder, die den **Grund** oder die **Ursache** für eine Handlung, eine Tatsache, eine Entwicklung angeben, sind zumeist adverbiale Bestimmungen. Wir nennen sie **kausale Adverbialien.** Sie antworten auf die Fragen *warum?, weshalb?, wieso?, weswegen?*.
Sie werden in der Regel durch **Adverbien** (*deshalb, daher* usw.) oder **präpositionale Ausdrücke** (*wegen, aufgrund usw.*) gebildet.

Kausale Adverbialien

2 Mark, Simone und Isabel stehen in der Pause auch zusammen. Sie haben im Geografieunterricht vom Klimaschutz-Bericht der UNO gehört und diskutieren nun weiter.

Markiere die kausalen Adverbialien rot, wenn sie durch einen präpositionalen Ausdruck gebildet sind; markiere sie grün, wenn sie durch ein Adverb gebildet sind.

Simone: Das kann doch nicht wahr sein, dass die großen Firmen nur aus lauter Profitgier nicht bereit sind, sich am Klimaschutz zu beteiligen – genauso wie so große Staaten wie China und die USA.

Mark: Die sagen halt, dass das wegen der Gefährdung der Arbeitsplätze nicht geht.

Isabel: Das ist doch bestimmt nicht der einzige Grund. Allein deshalb würden die sich nicht so auf die Hinterbeine stellen.

Mark: Auf jeden Fall ist es doch echt bedrohlich, wenn man sich vorstellt, dass wegen der Erwärmung des Klimas der Meeresspiegel um mehr als einen halben Meter steigen könnte. Wie ist da eigentlich der Zusammenhang?

Simone: Ich glaube, das liegt am Schmelzen der Gletscher. Daher nimmt die Wassermenge auf der Erde zu.

Isabel: Außerdem dehnt sich das Wasser aufgrund seiner Erwärmung aus, wenn ich das recht verstanden habe.

Mark: Hoffentlich fällt uns Menschen rechtzeitig was ein, um diese Entwicklung zu stoppen.

3 Umrahme von den folgenden Wörtern die Adverbien, die ein kausales Adverbiale bilden können.

wegen um daher weil wenn deshalb
deswegen da damit wodurch aufgrund

4 Bilde mit den angegebenen Wörtern ein kausales Adverbiale und füge dieses an geeigneter Stelle in den Satz ein.

andere eine Einladung wegen

Leider kann ich nicht zu deiner Geburtstagsparty kommen.

Leider kann … ____________________________.

Temporale Adverbialien

17

1 Wer wird in diesem Gedicht beschrieben?

Rätselhaftes Tempo

An einem Tag empfind ich sie
so zäh wie einen Kaugummi.
Am andern Tag rast sie vorüber,
bremsen würd' ich sie da lieber.
Dann schreitet sie mal, wie ich's mag,
in meinem Tempo durch den Tag,
verkürzt mir meine Langeweile,
verhindert die zu große Eile,
begleitet mich – mal schnell, mal sacht –
als Schnecke, Rennauto zur Nacht.

Wie kann das sein? An meiner Hand,
da trag ich doch ein dünnes Band.
Da kann ich immerzu erkennen:
Sie will nicht schleichen, will nicht rennen,
sie rückt im Gleichmaß stets voran –
und doch fühlt's sich oft anders an.

2 Die hervorgehobenen Satzglieder geben Antworten auf die Frage *wann?* Gib an, ob sie durch ein Adverb, ein Adjektiv oder einen präpositionalen Ausdruck gebildet sind.

Vers 1 ______________________

Vers 3 ______________________

Vers 5 ______________________

3 Ebenso auf die Frage *Wann?* antworten drei Adverbien in der zweiten Strophe, die allein das entsprechende Satzglied bilden. Markiere sie.

Umstandsbestimmungen, die Angaben zur **Zeit** machen, nennen wir **temporale Adverbialien.** Du kannst sie durch Fragen wie *wann? seit wann? bis wann? wie oft? wie lange?* ermitteln. Temporale Adverbialien werden zumeist durch **präpositionale Ausdrücke** oder **Adverbien** gebildet.

Beispiele: *Vor dem Training* esse ich nichts (präpositionaler Ausdruck).
Danach habe ich richtig Hunger (Adverb).

Temporale Adverbialien

4 Unterstreiche im folgenden Text alle temporalen Adverbialien.

Als Rotkäppchen neulich durch den Wald joggte, wurde sie von einem ziemlich kleinen Typ aufgehalten: „ Hallo! Bleib doch einen kurzen Augenblick stehen." „Wer bist du? Ich muss weiter. In zehn Minuten erwartet mich meine Großmutter," entgegnete Rotkäppchen. Aber der Kleine ließ sich nicht beirren. „Ich bin Asterix und möchte dir dringend raten, mir zuerst zuzuhören." „Dann schieß los!", drängte Rotkäppchen, „mach's nicht so spannend!" „Ich kenne deine Geschichte und weiß, was dir nachher passieren wird." „So ein Quatsch!" Rotkäppchen wollte sich schon abwenden, aber der Zwerg packte sie im gleichen Moment recht kräftig am Arm, so kräftig, dass sie nicht mehr loskam. „Es wird dir und deiner Großmutter übel mitgespielt werden. Nimm jetzt einen Schluck von meinem Zaubertrank. Das wird dir später helfen, wenn der Wolf Ärger macht." „Erzähl doch keine Märchen!" Rotkäppchen machte sich los und ließ Asterix achselzuckend zurück.
Kurze Zeit darauf kam ihr ein Jogger entgegen, der so aussah, als würde er seine Tage im Fitnessstudio verbringen. Als er kurz vor ihr war, hielt er an: „Sei gegrüßt, Rotkäppchen. Geh nicht weiter. Ich weiß, dass dir Übles widerfahren wird ..." „Ja, ja, blabla, du kennst wohl auch schon meine Geschichte. Sind denn heute nur Spinner unterwegs? Wer bist du überhaupt?" „Ich bin Siegfried und möchte dir mit größtem Nachdruck einen Rat geben. Wenn du auf die Lichtung zukommst und kurz davor nach links abbiegst, wirst du einen erlegten Drachen sehen. Bade in seinem Blut und ..." „Jetzt reicht's mir aber. Behalt deine bescheuerten Ratschläge für dich," versetzte Rotkäppchen und ließ auch Siegfried stehen. „Aber deine eigenartige Kopfbedeckung ist doch auch keine Tarnkappe ..." Doch da war Rotkäppchen bereits außer Hörweite. Selbstbewusst setzte sie ihren Weg fort.
Und wenn sie damals nicht gestorben ist, dann hat sie sich durch die beiden Kraftpakete zu Recht nicht aus der Ruhe bringen lassen.

5 Berichtige die Sätze, indem du die passenden temporalen Adverbialien einsetzt.

1. Odysseus war im Jahr 218 v. Chr. auf dem Weg nach Hause.
2. Hannibal überquerte nach dem Bad im Drachenblut die Alpen mit den Elefanten.
3. Siegfried war zehn Jahre lang beinahe unverwundbar.

1. *Odysseus war zehn ...* ______.
2. *Hannibal ...* ______.
3. *Siegfried ...* ______.

1 Kommen in den Sätzen temporale, lokale oder kausale Adverbialien vor? Kreuze an (Hinweis: Es können auch mehrere oder keine in einem Satz sein!).

	temporales A.	**lokales A.**	**kausales A.**
1. Der Stürmer schießt den Ball über das Tor.	●	●	●
2. Vielleicht trifft er heute wegen des Nebels so schlecht.	●	●	●
3. Jetzt muss er auf die Ersatzbank.	●	●	●
4. Dort wird er den Rest der Spielzeit absitzen.	●	●	●
5. Darum macht er wohl ein wenig begeistertes Gesicht.	●	●	●
6. Der Grund für seine Auswechslung ist ihm nicht so recht klar.	●	●	●

2 Markiere die temporalen Adverbialien blau, die lokalen grün und die kausalen rot.

Pauline und Eva saßen seit Stunden in der Höhle. Aufgrund des Unwetters wagten sie nicht, ihren Unterschlupf zu verlassen. Sie hatten sich von dem Zeltlager nur kurz entfernen wollen, weil sie etwas Wichtiges miteinander zu besprechen hatten. Freilich wollten sie deshalb nicht mehrere Stunden lang fortbleiben. Aber das Unwetter war überfallartig gekommen. Völlig durchnässt hatten sie sich gerade noch in die Höhle retten können. Dort saßen sie nun eng aneinandergelehnt, um sich wenigstens gegenseitig etwas wärmen zu können. Seit einiger Zeit hatten sie fast nichts mehr geredet. Sie warteten nur darauf, dass sie die Höhle verlassen könnten. Wegen eines Gerüchtes, das über Eva verbreitet worden war, hatte ihre Freundschaft einen leichten Knacks bekommen. Inzwischen hatten sie lange genug Zeit gehabt, die Missverständnisse auszuräumen, und waren sich buchstäblich wieder näher gekommen.

Endlich schien der Regen etwas nachzulassen. Pauline und Eva gingen in ihren immer noch feuchten Klamotten vorsichtig aus der Höhle hinaus und machten sich auf den Heimweg. Was würden die Leiter des Zeltlagers bei ihrer späten Rückkehr sagen? Würden sie deswegen Ärger bekommen?

So gingen sie schweigend und in Gedanken versunken auf das Zeltlager zu.

Test 6

3 Richtig oder falsch? Kreuze an.

	richtig	falsch
1. Eine *adverbiale Bestimmung* ist kein Satzglied; der Begriff *Adverbiale* bezeichnet eine Wortart.	●	●
2. Adverbialien enthalten immer ein Adverb.	●	●
3. Die Präposition *aus* kann ein kausales Adverbiale einleiten.	●	●
4. Das lokale Adverbiale gibt Antwort auf die Frage nach dem Ort eines Geschehens.	●	●
5. Die Frage *woher?* hat zur Antwort ein kausales Adverbiale.	●	●
6. Ein temporales Adverbiale kann die Antwort auf die Frage *wie lange?* sein.	●	●

4 Markiere die temporalen, lokalen und kausalen Adverbialien. Notiere ihre genaue Bestimmung.

1. Niemand sah den Verdächtigen zur Tatzeit am Tatort.

(temporales Adverbiale ______ / ______)

2. Daher verhaftet die Polizei ihn im Moment nicht.

(______ / ______)

3. Nachher veranstaltet die Polizei am Tatort einen Lokaltermin.

(______ / ______)

4. Inzwischen gibt es wegen der starken Regenfälle keine brauchbaren Spuren mehr.

(______ / ______)

5 Aus welchen drei Wortarten bzw. Wortgruppen werden Adverbialien vornehmlich gebildet? Wähle richtig aus.

Präpositionaler Ausdruck
Adverb
Präpositionalobjekt
Adjektiv

1. ______
2. ______
3. ______

Modale Adverbialien 18

Im Zirkus Circulini

Voller Wagemut stürzt sich die Trapezakrobatin in die Tiefe; hoffentlich bekommt sie ihr Partner beim Zurückschwingen richtig zu fassen. Der Jongleur wirft in rasender Geschwindigkeit einen Teller nach dem anderen in die Luft. Ohne jegliche Furcht tritt die Dompteuse dem Löwen entgegen. Zufrieden lächelnd zieht der Zirkusdirektor seinen Zylinder und verneigt sich tief vor dem Publikum. Der Dirigent schwingt den Taktstock mit weit ausholenden Gesten.

1 Von wem ist in den nächsten beiden Sätzen die Rede?

1. Tolpatschig setzt er sich neben den Stuhl und landet unsanft auf seinem Hinterteil.

   (______________________________)

2. Er zielt ganz genau, damit er seine Partnerin nicht verletzt.

   (______________________________)

Umstandsbestimmungen, die die **Art und Weise** einer Handlung oder eines Vorgangs genauer beschreiben, nennen wir **modale Adverbialien** (adverbiale Bestimmungen der Art und Weise). Sie antworten also auf die Fragen *wie? auf welche Weise?* Sie werden häufig durch **Adjektive**, wie Adjektive gebrauchte **Partizipien**, **Adverbien** oder **präpositionale Ausdrücke** gebildet. Beispiele:
Er lacht *laut*. (Adjektiv)
Sie schaut *gebannt* zu. (Wie ein Adjektiv gebrauchtes Partizip)
Die Partnerin des Messerwerfers bewegt sich *nicht*. (Adverb)
Das Publikum fordert *mit rhythmischem Klatschen* eine Zugabe. (Präpositionaler Ausdruck)

2 Die modalen Adverbialien sind in den ersten beiden Fragen bereits unterstrichen. Unterstreiche sie auch in der dritten und vierten Frage.

Wollen Sie gebannt einer Raubtiernummer folgen?
Wollen Sie aus voller Kehle über Clowns lachen?
Wollen Sie mit feuchten Händen den Akrobaten zuschauen?
Kurzum: Wollen Sie sich bestens amüsieren?

Dann sind Sie im Zirkus Circulini richtig!

Modale Adverbialien

3 Formuliere jeweils die Frage, mit der das modale Adverbiale in den Sätzen erfragt werden kann. Markiere dieses daraufhin im angegebenen Satz.

1. Er spaziert ohne jegliche Hektik über die Glasscherben.

   Wie spaziert er über die Glasscherben ?

2. Völlig entspannt scheint er auf dem Nagelbrett zu liegen.

   ____ ?

3. Die brennenden Fackeln wirft er in hohem Bogen seinem Partner zu.

   ____ ?

4. Dieser fängt die Fackeln geschickt auf.

   ____ ?

5. Voller Spannung erwartet das Publikum das nächste Kunststück.

   ____ ?

4 Markiere in den Sätzen das modale Adverbiale. Aus welchen Wortarten ist es gebildet? Gib die Wortarten in der Reihenfolge an, in der sie in den Sätzen vorkommen.

1. Der Trommelwirbel setzt kaum vernehmbar ein. Adverb, Adjektiv
2. Die Partnerin des Messerwerfers steht ohne Anzeichen von Angst vor der Bretterwand.

   ____

3. Nach der Löwennummer applaudiert das Publikum begeistert.

   ____

4. Der Zirkusdirektor lächelt zufrieden ins Publikum.

   ____

5. Der Zirkusbesuch hat sich sehr gelohnt.

   ____

6. Die zwei Stunden sind unglaublich schnell vergangen.

   ____

Instrumentale Adverbialien

19

Instrumente als Mittel zur Stummfilm-Untermalung

Jana, Lars, Anke und Leo haben einen Stummfilm-Krimi gedreht. Wie bei einer Stummfilmvorführung früher soll dieser Film live vom Schulorchester mit Geräuschen und Musik untermalt werden. Nun fragen sich die vier, welche Instrumente wozu geeignet sind.

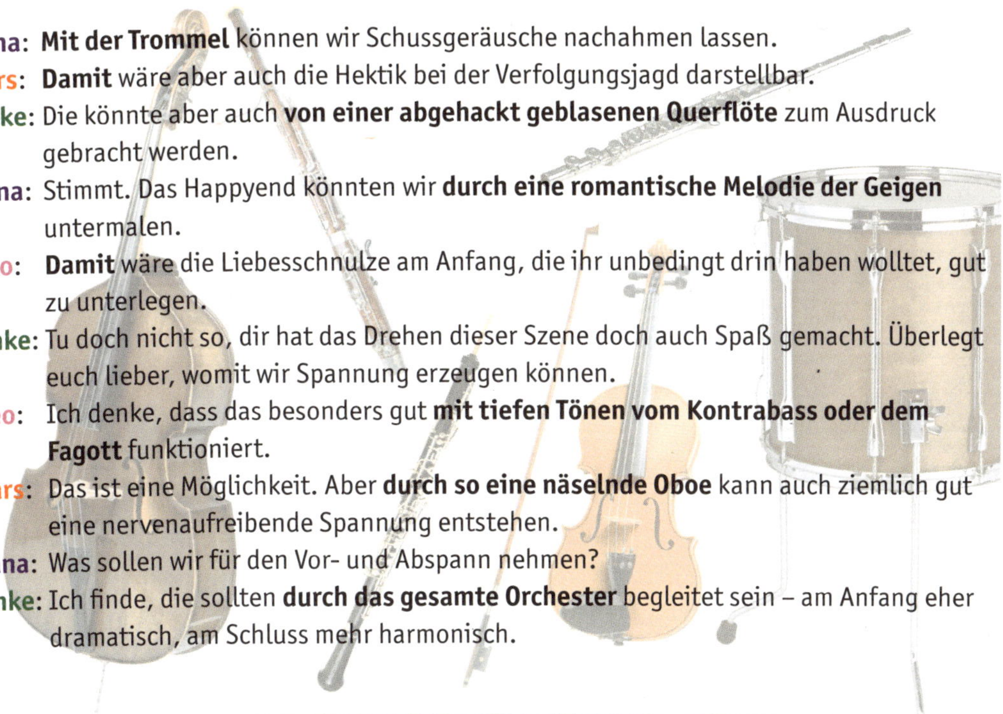

Jana: **Mit der Trommel** können wir Schussgeräusche nachahmen lassen.

Lars: **Damit** wäre aber auch die Hektik bei der Verfolgungsjagd darstellbar.

Anke: Die könnte aber auch **von einer abgehackt geblasenen Querflöte** zum Ausdruck gebracht werden.

Jana: Stimmt. Das Happyend könnten wir **durch eine romantische Melodie der Geigen** untermalen.

Leo: **Damit** wäre die Liebesschnulze am Anfang, die ihr unbedingt drin haben wolltet, gut zu unterlegen.

Anke: Tu doch nicht so, dir hat das Drehen dieser Szene doch auch Spaß gemacht. Überlegt euch lieber, womit wir Spannung erzeugen können.

Leo: Ich denke, dass das besonders gut **mit tiefen Tönen vom Kontrabass oder dem Fagott** funktioniert.

Lars: Das ist eine Möglichkeit. Aber **durch so eine näselnde Oboe** kann auch ziemlich gut eine nervenaufreibende Spannung entstehen.

Jana: Was sollen wir für den Vor- und Abspann nehmen?

Anke: Ich finde, die sollten **durch das gesamte Orchester** begleitet sein – am Anfang eher dramatisch, am Schluss mehr harmonisch.

Die angesprochenen Instrumente sind Mittel zur akustischen Untermalung des Films. Sie gehören in den Äußerungen der vier Schüler jeweils zu dem markierten Satzglied, das die **Mittel** für eine Tätigkeit angibt. Diese Satzglieder sind die sog. **instrumentalen Adverbialien** und geben Antwort auf die Frage, *wodurch* etwas geschieht oder *womit* etwas getan/vollbracht wird. Sie sind also Umstandsbeschreibungen des Mittels. Dementsprechend sind sie zumeist aus **präpositionalen Ausdrücken** mit *durch, von* oder *mit* oder durch die **Adverbien** *dadurch, damit* gebildet.

1 Auch in der Einleitung oben gibt es ein instrumentales Adverbiale. Schreibe es heraus.

Instrumentale Adverbialien

2 Schon im Altertum wollten die Menschen Nachrichten über größere Entfernungen möglichst schnell übermitteln. Aber womit war das möglich? Sie hatten ja keine Telefonleitungen, keine Funkverbindungen, kein Internet. Unterstreiche die instrumentalen Adverbialien im folgenden Text.

1. Es wird berichtet, dass der Fall Trojas in knapp drei Stunden durch Feuerzeichen bis nach Mykene in Griechenland gemeldet wurde (das sind etwa 450 Kilometer!).
2. Die Perser konnten durch ein Rauchzeichenalphabet Nachrichten übermitteln. Dazu erzeugten sie mit Hilfe von feuchten Decken in bestimmten Abständen aufsteigende Rauchschwaden. Freilich war dadurch das Problem der Nachrichtenübermittlung in der Nacht nicht gelöst.
3. Zwei Ingenieure in Diensten Alexanders des Großen entwickelten eine recht funktionsfähige Fackeltelegrafie. Sie arbeiteten mit zwei fünfzinnigen Mauern. Sie konnten damit 25 Buchstaben darstellen: Sie hatten diese in einem Quadrat notiert; die linke Fackel gab die Zeile, die rechte die Spalte der Stelle im Buchstabenquadrat an. Jeder der 25 Buchstaben war dadurch eindeutig zu bezeichnen.
4. Diese Formen der optischen Nachrichtenübertragung wurden später von anderen Methoden abgelöst.

3 Unterscheide: instrumentales Adverbiale, lokales Adverbiale, modales Adverbiale oder Präpositionalobjekt? Gib die richtige Bestimmung jeweils in der Klammer an.

1. Lena fährt mit dem Bus (*instrumentales Adverbiale*) zur Eisbahn.
2. Mit ihren neuen Schlittschuhen (____________________) läuft sie noch nicht ganz so sicher wie sonst.
3. Dennoch betritt sie durch die Lücke in der Bande (____________________) mutig das Eis.
4. Zunächst lässt sie sich von der Hektik auf der Eisbahn (____________________) etwas aus der Ruhe bringen.
5. Nach den ersten vorsichtigen Metern dreht sie mit großer Begeisterung (____________________) ihre Runden.
6. Nach dem Eislaufen erzählt sie zufrieden von den neuen Schlittschuhen (____________________).

Finale Adverbialien

20

Marcel fragt sich: Alles zwecklos?

„Ich habe **zur Verbesserung meiner Noten** schon so vieles unternommen – aber alles ohne Erfolg. **Um besserer mündlicher Noten willen** habe ich meine mündlichen Beiträge enorm gesteigert und rede nun im Unterricht ununterbrochen mit meinen Nachbarn. Ich schlafe **zwecks besserer Vokabeltests** seit Wochen mit dem Kopf auf meinem Englischbuch, auch wenn das alles andere als bequem ist. **Für größere Erfolge in Geografie** habe ich mir zum Geburtstag ein T-Shirt mit einer Weltkarte schenken lassen. Als Linkshänder habe ich beim Schreiben **zur Verbesserung meiner Recht(s)schreibung** sogar den Stift in die rechte Hand genommen. Ich habe meine Eltern gebeten **für eine stärkere Verinnerlichung des Biologiestoffes** nur noch Bioprodukte zum Essen zu kaufen. Schließlich nehme ich auch noch Streit mit meinen Eltern in Kauf, die nicht einsehen wollen, dass ich **zum Zweck der Steigerung meiner sportlichen Leistungen** zurzeit täglich viele Stunden vor dem Fernseher verbringe, weil ich keine Sportsendung verpassen möchte.
Verbesserungen haben sich bislang nicht eingestellt. War alles zwecklos? Was soll ich bloß tun, um meinen Notendurchschnitt anzuheben?"

Die hervorgehobenen Satzglieder geben den **Zweck** einer Handlung, eines bestimmten Verhaltens an (Marcel hat das **Ziel**, seine Noten zu verbessern). Wir nennen sie **finale Adverbialien** (also Umstandsbestimmungen des Zwecks). Sie werden in aller Regel durch präpositionale Ausdrücke gebildet; diese werden zumeist durch folgende Präpositionen eingeleitet: *für, zwecks, um .... willen, zur, zum (Zweck).*

1 Ersetze die Infinitivgruppe *„um ... anzuheben"* in der letzten Frage durch ein finales Adverbiale.

Was soll ich bloß ______________________________ tun?

Finale Adverbialien

2 Willst du Satzglieder betonen, kannst du sie an den Anfang des Satzes stellen. Das kann gerade bei finalen Adverbialien, bei denen es ja um den Zweck einer Tätigkeit geht, sinnvoll sein. Schreibe also die folgenden Sätze um, indem du die finalen Adverbialien an den Satzanfang stellst.

1. Marie geht zum Zweck des Konditionstrainings zweimal pro Woche joggen.
   Zum Zweck ... .
2. Das Fußballpendel benützt Marco oft zwecks Verbesserung seiner Technik.
   ______________________________ .
3. Im Schwimmbad trainiert Anne das Tauchen für ihre Sportabzeichenprüfung.
   ______________________________ .
4. Bis zum Schulfest wollen sich die Schülerinnen jeden zweiten Tag zum Einstudieren ihres Tanzes treffen.
   ______________________________ .
5. Die Jungs haben sich um des lieben Friedens willen bereit erklärt mitzumachen.
   ______________________________ .

3 Nebensätze, die mit der Konjunktion *damit* eingeleitet werden, und Infinitivgruppen mit *um* geben ebenso wie die finalen Adverbialien den Zweck an. Sie sind hier hervorgehoben. Forme sie in finale Adverbialien um. Verwende dazu jeweils die in Klammern angegebene Präposition.

1. Max geht im Sommer nach London, damit seine Englischkenntnisse besser werden. (zwecks)
   Max geht im Sommer zwecks Verbesserung seiner Englischkenntnisse nach London .
2. Um das Kolosseum zu besichtigen, reist Tina nach Rom. (für)
   ______________________________ .
3. Damit er für die zweiwöchige Fahrradtour vorbereitet ist, trainiert Tim hart. (zur)
   ______________________________ .
4. Karla und Anna wollen mit dem Zug verreisen, um die Umwelt zu schonen. (um ... willen)
   ______________________________ .

Adverbialien unterscheiden

21

Soll ich unter allen Umständen alle Umstandsbestimmungen bestimmen?

1. Soll ich jetzt (*temporal*) wegen des anstehenden Grammatiktests (*kausal*) an meinen Schreibtisch (*lokal*) gehen und zur Verbesserung meiner Deutschnote (*final*) diesen Satz eingehend (*modal*) mit den entsprechenden Hilfsfragen (*instrumental*) untersuchen?
2. Oder soll ich aufgrund meiner Lernunlust (*kausal*) und um der Verbesserung meiner Laune willen (*final*) nachher (*temporal*) ins Kino (*lokal*) gehen und mich durch einen Film (*instrumental*) gut (*modal*) unterhalten lassen?

1 Bestimme die Art der Adverbialien in der folgenden Frage selbst.

Oder soll ich wegen des Tests (________________) zuerst (________________) fürs gemeinsame Üben (________________) meine Freunde zu mir (________________) einladen, um dadurch (________________) besser (________________) vorbereitet zu sein?

Adverbialien sind **Umstandsbestimmungen**, sie können Geschehnisse, Zustände und Tätigkeiten genauer bezeichnen.
Du hast in diesem Buch sechs verschiedene Adverbialien wiederholt oder kennen gelernt:

- Das **lokale** Adverbiale (adverbiale Bestimmung des **Ortes**): *Wo? Wohin? Woher?*
- Das **temporale** Adverbiale (adverbiale Bestimmung der **Zeit**): *Wann? Wie lange? Seit/bis wann?*
- Das **kausale** Adverbiale (adverbiale Bestimmung des **Grundes**, der **Ursache**): *Warum? Weshalb?*
- Das **modale** Adverbiale (adverbiale Bestimmung der **Art** und **Weise**): *Wie?*
- Das **instrumentale** Adverbiale (adverbiale Bestimmung des **Mittels**): *Wodurch? Womit?*
- Das **finale** Adverbiale (adverbiale Bestimmung des **Zweckes**): *Wozu? Mit welchem Ziel?*

Um diese zu bestimmen und zu unterscheiden, hilft dir häufig der Blick auf die verwendeten Präpositionen und Adverbien (siehe auch die vorangegangenen Kapitel). Beispiele:
Präpositionen: *wegen (kausal), zwecks (final), durch (lokal oder instrumental).*
Adverbien: *hier (lokal), dann (temporal), deshalb (kausal), dadurch (instrumental).*

Adverbialien unterscheiden

2 Die Lücken in den folgenden Sätzen können mit verschiedenen Adverbialien gefüllt werden. Gib jeweils in Klammern an, um welche Art von Adverbiale es sich handelt.

~~vergnügt~~ | mit einem Schmunzeln auf den Lippen | gerade | auf der Terrasse

1. Paul liest *vergnügt* in seinem Buch. (*modal*)
2. Paul liest ______ in seinem Buch. (______)
3. Paul liest ______ in seinem Buch. (______)
4. Paul liest ______ in seinem Buch. (______)

vorhin | zum Tanzen | in ihrem Zimmer | wegen des Baustellenlärms auf der Straße

1. Lisa hat ______ die Musik laut aufgedreht. (______)
2. Lisa hat ______ die Musik laut aufgedreht. (______)
3. Lisa hat ______ die Musik laut aufgedreht. (______)
4. Lisa hat ______ die Musik laut aufgedreht. (______)

Zum dritten Mal | Voller Ungeduld | Mit seinem neuen Werkzeugkasten | Aufgrund des Fahrradausfluges | morgen

1. ______ repariert Nico sein Fahrrad. (______)
2. ______ repariert Nico sein Fahrrad. (______)
3. ______ repariert Nico sein Fahrrad. (______)
4. ______ repariert Nico sein Fahrrad. (______)

1 Markiere mit der jeweils gleichen Farbe die zusammengehörenden Bestimmungen.

kausal weshalb Zweck Mittel
womit seit wann final temporal
Ort wodurch modal wie Grund
Ursache wie lange instrumental wann
Art und Weise woher lokal auf welche Weise
Zeit wozu wohin warum

2 Um welche Art von Adverbialien handelt es sich jeweils bei den markierten Satzgliedern?

1. Ich kann mich sehr gut an das Buch erinnern.

(______________________________)

2. Ich habe es in drei Tagen durchgelesen.

(______________________________)

3. Die Geschichte spielt im Nordamerika des 19. Jahrhunderts.

(______________________________)

4. Aufgrund des Baus einer Eisenbahnlinie kommt es zu Konflikten.

(______________________________)

5. Die Siedlung hätte durch den Bau einer Bahnstation größere Entwicklungschancen.

(______________________________)

6. Zum Erreichen ihres Zieles sind sie auch bereit zu kämpfen.

(______________________________)

7. Das Buch ist äußerst spannend geschrieben.

(______________________________)

8. Auch deswegen kann ich das Buch nur empfehlen.

(______________________________)

3 Ersetze den markierten Teilsatz durch das entsprechende Adverbiale und gib an, um welche Art von Adverbiale es sich handelt.

1. Die Kinder waren, weil der Film so spannend war, nachmittags extra in der Schule geblieben.

Wegen des spannenden Films waren die Kinder nachmittags extra in der Schule geblieben.

(______________________________)

2. Die Verdächtigen wurden überführt, indem sie ständig beobachtet wurden.

____

____

(______________________________)

3. Bevor sie verhaftet wurden, ließ man sie zum Versteck des Diebesgutes gehen.

____

____

(______________________________)

4. So wurde verfahren, damit die gestohlene Ware sichergestellt werden konnte.

____

____

(______________________________)

4 Richtig oder falsch? – Kreuze an.

	richtig	falsch
1. Mit der Präposition *durch* kann ein lokales Adverbiale eingeleitet werden.	●	●
2. Adverbiale und Adverb sind zwei Begriffe für die gleiche Sache.	●	●
3. Das Adverb *deswegen* kann ein finales Adverbiale bilden.	●	●
4. Adverbialien können an verschiedenen Stellen des Satzes stehen.	●	●
5. Die Frage *wozu?* zielt auf das modale Adverbiale.	●	●
6. Modale Adverbialien können durch Adjektive gebildet werden.	●	●

Adjektivattribut

1 Schreibe bei den folgenden Dialogen die erste Äußerung jeweils so um, dass keine Rückfrage notwendig gewesen wäre. Unterstreiche dabei die Wörter, die genauer Auskunft über die Nomen (*Trikots*, *Stürmer*) geben.

Gespräche im Fußballstadion

1. *Ich mag ...* __________
2. *Der ...* __________

Satzgliedteile, die ein Nomen näher bestimmen, nennen wir **Attribute**. Du kannst sie durch die Frage *welcher/welche/welches?* ermitteln.
Häufig geschieht die nähere Bestimmung durch ein Adjektiv (im Positiv, Komparativ oder Superlativ); dann sprechen wir von einem **Adjektivattribut** (z.B. die *grünen* Trikots, der *große* Stürmer).
Da die (Adjektiv-)Attribute **Teile von Satzgliedern** sind, also zu diesen gehören, werden sie bei der Umstellprobe mit verschoben.

2 Unterstreiche und bestimme die Satzglieder, in denen ein Adjektivattribut vorkommt.

Ich mag die grünen Trikots nicht. (__________)

Der große Stürmer trifft das Tor ja nie. (__________)

Adjektivattribut

3 Markiere im folgenden Dialog die Adjektivattribute.

Anna: Anna Huber.
Lisa: Hallo Anna, hier spricht Lisa. Hast du heute Nachmittag Zeit? Wollen wir irgendeinen **spannenden** Film anschauen?
Anna: Zeit habe ich schon, aber irgendwie keine große Lust auf Kino.
Lisa: Hast du eine bessere Idee?
Anna: Wir könnten vielleicht in die neue Eisdiele gehen.
Lisa: O.k., ich hole dich nachher ab. Bis dann.
Anna: Ich warte an unserem kleinen Gartentor. Tschüss.

4 Schreibe aus den folgenden Sätzen die Satzglieder mit Adjektivattributen heraus. Markiere die Attribute und bestimme die Satzglieder.

1. Das grüne Eis sieht eklig aus.
   Satzglied: *das grüne Eis*
   Bestimmung: ______
2. Dem kleinen Jungen scheint sein Eis richtig gut zu schmecken.
   Satzglied: ______
   Bestimmung: ______
3. Ich glaube, ich gönne mir einen großen Eisbecher.
   Satzglied: ______
   Bestimmung: ______

Genitivattribut

1 Was gehört an die jeweilige Stelle? Setze die unten stehenden Satzgliedteile an der passenden Stelle ein.

eines Autos | seiner Freunde | seines Fahrrades | ~~der Ferien~~ | seines Bruders | seines Sweatshirts | des Mountainbikes | ihres Nachbarn

Ein „toller" Ferienbeginn!

Am ersten Tag der Ferien (1) wollte Max mit seinen Freunden ins Freibad gehen. Als er die Garage geöffnet hatte, sah er, dass der hintere Reifen ______________ (2) platt war. Was sollte er tun? In fünf Minuten wollte er mit jenen ______________ (3) losradeln, die in seiner Nachbarschaft wohnten.

Nach kurzem Überlegen schnappte sich Max das neue Mountainbike ______________ (4) und schwang sich hektisch auf den Sattel. Als er auf der Straße kräftig in die Pedale trat, machte es auf einmal einen Ruck, Max kam ins Schlingern und stürzte schließlich.

Was war passiert? Er war mit dem Lenker am Außenspiegel ______________ (5) hängen geblieben – dabei handelte es sich ausgerechnet um das Auto ______________ (6), der sowieso ständig an allem herummeckerte. Max hatte sich nur einen Ärmel ______________ (7) zerrissen und eine kleine Schürfwunde abbekommen – der Sattel ______________ (8) allerdings eine kräftige Schramme.

Das war ja ein „toller" Ferienbeginn! Frustriert trottete Max, das Mountainbike schiebend, zur Garage zurück.

2 In welchem Kasus stehen die eingesetzten Satzgliedteile? ______________

Manche Attribute werden durch die Genitivform eines anderen Nomens gebildet. Darum nennen wir sie **Genitivattribute**. Auch hier hilft dir die Frage welcher/welche/welches?. Das Genitivattribut wird dem zugehörigen Nomen **in aller Regel nachgestellt**.
Beispiel: Welches Auto? – Das Auto *des Nachbarn* (nachgestellter Genitiv).

Genitivattribut

3 Füge in den folgenden Sätzen die Nomen in Klammern an der jeweils geeigneten Stelle als Genitivattribut ein.

1. Der Jongleur betritt die Manege. (Zirkus)
   Der Jongleur betritt die Manege des … ________________.
2. Der Beifall ermuntert ihn. (Zuschauer)
   ________________.
3. Er nimmt die Mützen und fängt an, mit ihnen zu jonglieren. (drei Clowns)
   ________________.
4. Die Clowns tun so, als seien sie über das Lachen empört. (Publikum)
   ________________.
5. Schließlich treffen die Mützen wieder nacheinander die Köpfe. (ursprüngliche Besitzer) Der Jongleur verneigt sich.
   ________________.

4 Unterstreiche die Genitivattribute. Ermittle die Satzglieder, zu denen sie gehören und bestimme diese.

1. Die Peitsche des Dompteurs knallt laut.
   Satzglied: Die Peitsche … ________________
   Bestimmung: ________________
2. Die Kinder sind von der Nummer des Messerwerfers begeistert.
   Satzglied: ________________
   Bestimmung: ________________

Präpositionalattribut

1 Setze folgende Wortgruppen sinnvoll in den Lückentext ein:

in der Mitte **unter Bäumen** ~~durch den Wald~~ mit dem vielen Verkehr
mit mehreren falschen Spuren **um sie** über die einzuschlagende Richtung

Der Weg *durch den Wald* kam ihnen kürzer und weniger gefährlich vor, als wenn sie der Straße ______ folgten. So würden sie bald wieder an dem Haus ankommen, von dem sie vor zwei Stunden zur Schnitzeljagd aufgebrochen waren. Micha, Nina, Moritz und Lea waren sich sicher, wenigstens diesen Weg zu finden, nachdem sie sich offenbar an einer Kreuzung ______ verlaufen hatten. Wahrscheinlich machte sich ihre Lehrerin, mit der sie im Schullandheim waren, schon Sorgen ______ .
Also beeilten sie sich. An der ersten Weggabelung wählte Moritz den rechten Weg, und alle folgten ihm. Bald stießen sie erneut auf eine unbekannte Kreuzung. Welchen der drei Wege sollten sie nehmen? Lea schlug vor: „Ich bin für den Weg ______ .
Was meint ihr?" Da niemand einen besseren Vorschlag hatte, schlossen sie sich Leas an. Je weiter sie allerdings liefen, desto unsicherer wurden sie ... Und schließlich, nachdem sie weitere Entscheidungen ______ getroffen hatten, mussten sie sich eingestehen, dass sie sich völlig verfranzt hatten. Inzwischen dämmerte es bereits stark, was ihre Orientierung weiter verschlechterte. Mussten sie sich auf eine Nacht ______ einrichten?
Da wurde Nina vom Strahl einer Taschenlampe getroffen. Sie blinzelte zuerst geblendet, konnte aber dann doch ihre Freundin Lisa erkennen. Der Rest der Klasse war offensichtlich ausgeschwärmt, die Vermissten zu suchen – da waren die vier dann doch ziemlich erleichtert.

2 Die eingesetzten Wortgruppen sind Satzgliedteile, die Nomen näher bestimmen (hier z.B. den Weg, die Straße, die Kreuzung usw.) – also Attribute.

Mit welcher Wortart beginnen alle diese Wortgruppen? ______

Nachgestellte Attribute, die Nomen näher bestimmen und mit einer Präposition eingeleitet werden, nennen wir **Präpositionalattribute.**

Präpositionalattribut

3 Schreibe aus folgenden Sätzen die Präpositionalattribute mit dem gesamten zugehörigen Satzglied heraus. Unterstreiche das Präpositionalattribut und bestimme das Satzglied.

1. Sie kauft sich das Kleid mit den roten Punkten.

   Satzglied: das Kleid mit den roten Punkten

   Bestimmung: ______

2. Er ist mit dem Jungen aus dem Nachbarhaus befreundet.

   Satzglied: ______

   Bestimmung: ______

3. Die Tischtennisplatten im Pausenhof sind leider meistens besetzt.

   Satzglied: ______

   Bestimmung: ______

4 Handelt es sich bei den farbig markierten Wortgruppen um ein Präpositionalattribut (A), ein Präpositionalobjekt (B) oder ein Adverbiale (C)? Kreuze entsprechend an.

	A	B	C
1. Erleichtert ließen sie sich auf der Bank nieder.	●	●	●
2. Das Herumirren im Wald hatte sie ziemlich mitgenommen.	●	●	●
3. Nun konnten sie sich über die glückliche Rückkehr freuen.	●	●	●
4. Sie hätten wohl doch nicht im Wald übernachten wollen.	●	●	●
5. Später würden sie bestimmt gerne von den Irrwegen bei der Schnitzeljagd erzählen.	●	●	●

Adverbattribut

Wolf: Ich glaube, die Premiere **gestern** ist ziemlich gut beim Publikum angekommen.
Rapunzel: Stimmt. Die Zuschauer **vorne** haben ganz begeistert und lange geklatscht.
Frosch: Nicht nur die.
Rumpelstilzchen: Meine Mutter hat mitbekommen, dass auch die Zuschauer **hinten** uns wirklich gut verstanden haben. Die fanden's klasse, dass wir so deutlich gesprochen haben.
Frosch: Auch wenn's gestern so gut lief, bin ich heute wieder schrecklich aufgeregt.
Rapunzel: Das gehört dazu.
Wolf: Sicher klappt die Vorstellung **heute** mindestens genauso gut.
Rumpelstilzchen: Auf jeden Fall freue ich mich schon auf unser Theater-AG-Fest **hinterher**.

1 Zu welcher Wortart gehören die fünf fett gedruckten Wörter?

____

Auch Adverbien können in manchen Fällen als Attribute gebraucht werden. Sie werden dann dem Nomen nachgestellt und geben zumeist genauere Hinweise zur zeitlichen oder räumlichen Vorstellung. Du musst darauf achten, dass du sie nicht mit Adverbien verwechselst, die als temporales oder lokales Adverbiale gebraucht werden.
Beispiel: *Heute* haben wir wieder eine Aufführung (*temporales Adverbiale*).
Die Aufführung *heute* ist ausverkauft (*Adverbattribut als Teil des Subjekts*).

Adverbattribut

2 Im Schullandheim steht am nächsten Tag eine Bergwanderung an. Die Schülerinnen und Schüler sehen dem mit unterschiedlichen Gefühlen entgegen. Schreibe die Äußerungen der drei Schüler ab und setze das Adverb in Klammern als Attribut in den Satz ein. Zu welchem Satzglied gehört es dann? Bestimme dieses.

1. Tina: Die Bergwanderung wird bestimmt ziemlich anstrengend. (morgen)

   Die Bergwanderung morgen ... ______.

   Satzglied: *Die Bergwanderung morgen* Bestimmung: ______

2. Manuel: Hoffentlich können wir den Ausblick eine Zeitlang genießen. (oben)

   ______.

   Satzglied: ______ Bestimmung: ______

3. Jan: Ich freue mich jetzt schon auf den Abstieg. (danach)

   ______.

   Satzglied: ______ Bestimmung: ______

3 Markiere im folgenden Text alle Adverbien grün, die als temporales oder lokales Adverbiale gebraucht sind. Markiere die Adverbien, die als Attribut gebraucht sind, rot.

Heute war auf der Schlittenbahn ganz schön was los. Als ich dort ankam, waren schon eine Menge Leute mit den unterschiedlichsten Fahrzeugen da. Ich nahm meinen Lenkbob und stellte mich eine Weile neben die Leute oben. Auf Schlitten und in Wannen, auf Plastiktüten und irgendwelchen Brettern rasten Kinder und Jugendliche ziemlich chaotisch hinunter. An der Bahn unten entdeckte ich meinen Freund Tim. Er hatte genau wie ich einen Lenkbob dabei und machte sich nun langsam wieder an den Aufstieg. Als er mich entdeckte, winkte er mir zu. Ich wartete auf ihn. Wir beschlossen, die nächste Fahrt hinunter nebeneinander zu machen. Wir hakten uns unter, und ab ging's: Ans Lenken war so kaum zu denken, und schließlich landeten wir im Tiefschnee und überschlugen uns dort. Als wir den Schnee abgeschüttelt hatten, fanden wir trotzdem, dass das eine Super-Fahrt gewesen war. Danach machten wir ein kleines Wettrennen. Das war auch lustig, aber die Fahrt davor hatte uns noch mehr Spaß gemacht, und wir wiederholten diese oft, obwohl wir dazu bestimmt keine Lenkbobs gebraucht hätten.

Attribute unterscheiden

Heldenmüt(d)igkeit

Ob von **großer Tafelrunde**,
ob vom **Kampf zuvor** die Kunde,
ob vom Bad im **Blut des Drachen**,
Heldentaten und so Sachen,
von der **Suche nach dem Gral**,
von Minnefreuden und auch –qual:
Vieles kann man hören, lesen
übers Helden-Ritterwesen.

Spannend scheint das für uns heute,
voll Gefahren, aber toll.
Doch ich glaub', die Rittersleute
hatten oft die Schnauze voll.

1 Die Nomen *Tafelrunde*, *Kampf*, *Blut* und *Suche* werden jeweils durch ein Attribut genauer bestimmt (vgl. die markierten Wortgruppen). Ergänze die folgende Zusammenstellung.

Attribut	Art des Attributs
1. großer	Adjektivattribut
2. zuvor	____________________
3. des Drachen	Genitivattribut
4. ____________________	Präpositionalattribut

Die Unterscheidung der Attribute nehmen wir nach der (einleitenden) Wortart vor: *Adjektiv*attribut, *Adverb*attribut, *Präposition*alattribut. Auch die vierte Art von Attributen wird durch eine Wortart, nämlich das **Nomen**, bestimmt, das dabei immer im **Genitiv** vorkommt (*Genitiv*attribut). Das Adjektivattribut ist dem näher zu bestimmenden Nomen **vorangestellt**, die anderen drei Attribute sind **nachgestellt**.

2 In der zweiten Strophe des Gedichtes kommen zwei weitere Adverbien vor, die jedoch keine Adverbattribute sind. Dies kannst du durch die Umstellprobe feststellen:

Spannend scheint das für uns heute. Heute scheint das für uns spannend.
(Das Adverb *heute* bildet allein ein Satzglied, nämlich ein temporales Adverbiale.)

Mache die Umstellprobe auch für das zweite Adverb.

Attribute unterscheiden

3 Tom, der Schlagzeuger der Schul-Band, zeigt seinem Freund ein Foto von ihr und erklärt:

Unser Sänger heißt Nick. Bei Auftritten trägt er immer rote Hosen. Das ist sein Markenzeichen. Das Mädchen mit der Baskenmütze heißt Sarah; sie singt ab und zu die zweite Stimme, spielt aber vor allem E-Gitarre. Der Junge daneben ist Benni, unser Bassist. Er trägt immer ein gelbes T-Shirt mit dem Band-Namen. Und der Typ mit dem Stirnband und den Schlagzeugstöcken bin ich, das ist ja klar. Die Schwester unserer Gitarristin fehlt leider auf dem Bild; die spielt ziemlich gut Keyboard.

Ordne die im Text vorkommenden Attribute richtig ein.

Präpositionalattribute: *von ihrer Band, ...* ____________________

____

Adjektivattribute: ____________________

Adverbattribute: ____________________

Genitivattribute: ____________________

4 Markiere im folgenden Text die Attribute rot und unterstreiche die Satzglieder, zu denen sie gehören. Gib in Klammern jeweils die Art des Attributs an.

Tom erzählt von der Schul-Band:

„Zurzeit proben wir ziemlich viel und studieren ein neues Programm ein (*Adjektivattribut*). Vor unserem Auftritt beim Schulfest haben wir auch schon ganz arg oft geprobt (____________). Wir hatten nämlich gehört, dass der Vater eines Mitschülers in einem Tonstudio arbeitet (____________). Nick meinte, dass das eine Chance wäre, vielleicht mal eine CD mit ein paar Liedern aufzunehmen (____________). Na ja, das war wohl eher ein unrealistischer Wunschtraum (____________). Und so ist dann auch kein Kontakt mit diesem Vater zustande gekommen (____________). Aber unser Auftritt war trotzdem klasse. Die Reaktionen des Publikums sind echt positiv gewesen (____________). Und während der Proben seither haben wir viel konzentrierter geübt (____________). Alle sind jetzt irgendwie noch motivierter."

1 Markiere die Attribute in der folgenden Erzählung Petras. Schreibe darüber, um welche Art von Attribut es sich handelt.

Bei unserem Freibadbesuch gestern muss mir meine nagelneue Uhr geklaut worden sein. Ich bin mit meinen Freundinnen auf der Liegewiese neben dem Schwimmbecken gewesen. Wir haben uns zunächst einmal gemütlich hingelegt und uns die warmen Sonnenstrahlen auf den Bauch scheinen lassen. Dann haben wir beschlossen, kurz ein bisschen schwimmen zu gehen. Nadja hat mich noch daran erinnert, dass ich die Uhr beim Schwimmen lieber abnehmen sollte. Also hab' ich sie in das Seitenfach meiner Tasche geschoben. Wir haben uns dann ein wenig abgekühlt, sind etwas geschwommen und haben uns dann noch ein bisschen an den Rand des Beckens gehängt. Meiner Meinung nach haben wir die Stelle mit unseren Sachen fast immer im Blick gehabt. Trotzdem ist das Geschenk meiner Patentante jetzt weg – so ein Mist!

2 Handelt es sich in den folgenden Sätzen beim Adjektiv jeweils um ein Adjektivattribut (A), ein Prädikativ (B) oder ein Adverbiale (C)? Kreuze an.

	A	B	C
1. Das Champions-League-Spiel gestern fand ich spannend.	●	●	●
2. Bei so einem tollen Spiel sollte keiner als Sieger vom Platz gehen.	●	●	●
3. Aber der schlechte Kommentator hat genervt.	●	●	●
4. Schon, aber mit der Zeit wurde er etwas besser.	●	●	●
5. Findest du, dass der auch nur eine wichtige Information gebracht hat?	●	●	●
6. Immerhin hat er häufig den Mund gehalten.	●	●	●

Test 8

3 Schreibe aus den folgenden Sätzen die Attribute und die Satzglieder, zu denen sie gehören, heraus. Bestimme jeweils beides.

Keiner hatte große Lust auf die Chorprobe. Dennoch waren die Schüler des Unterstufenchors beinahe vollzählig erschienen. Sie studierten gerade ein Musical mit einigen Chorstücken ein, und schon bald sollte es ein kleines Konzert geben, bei dem sie Auszüge daraus aufführen wollten. Viel lieber hätten sie gleich mit der Tanz-AG ihrer Schule und den Gesangssolisten geprobt. Das hätten sie auch mit größerem Elan getan.
Da ging die Tür des Musiksaals auf, ihr Chorleiter kam herein und sagte, sie sollten schnell mit in die Sporthalle kommen. Würde heute doch bereits die erste Probe mit der Tanz-AG stattfinden?

Attribut	Art des Attributs	Satzglied	Bestimmung
1. *große*	*Adjektivattribut*	*große Lust auf die Chorprobe*	*Akkusativobjekt*
2. ______	______	______	______
3. ______	______	______	______
4. ______	______	______	______
5. ______	______	______	______
6. ______	______	______	______
7. ______	______	______	______
8. ______	______	______	______
9. ______	______	______	______

4 Richtig oder falsch? Kreuze an.

	richtig	falsch
1. In Ausnahmefällen können Attribute auch allein ein Satzglied bilden.	●	●
2. Ein Satz kann nie mit einem Präpositionalattribut beginnen.	●	●
3. Ein Attribut kann Teil eines Prädikativs sein.	●	●
4. Ein Attribut kann Teil eines Prädikats sein.	●	●
5. Es gibt Attribute als Teile von Attributen.	●	●

Satzreihen und Satzgefüge

27

Die Satzpolizei wird zu einem Einsatz gerufen. „Zwei Sätze sind aneinander geraten. Fertigen Sie eine Skizze von diesem Vorfall an, und erstatten Sie Bericht!", tönt der Einsatzbefehl an Siggi, den Spezialisten der Satzpolizei.

1 Satz 1: *Hauptsatz* Satz 2: ______________

Der Fahrer stellt das Warndreieck auf, damit andere Verkehrsteilnehmer die Unfallstelle erkennen.

Satz 1 hat Siggi schon bestimmt. Hilf ihm bei der Bestimmung von Satz 2. Bearbeite dafür die Checkliste und trage deine Antworten in die Lücken ein.

Checkliste Satzbericht Satz 2	Hauptsatz-kennzeichen	Nebensatz-kennzeichen
1. Steht das finite Verb des Prädikates an zweiter oder letzter Satzgliedstelle?	2. Stelle	Letzte Stelle
2. Kann der Satz sinnvoll allein stehen?	Ja	Nein
3. Beginnt er mit einer Konjunktion oder einem Relativpronomen?	Nein	Ja
Wenn ja, mit welcher/welchem? ______________		

Du erkennst **Hauptsätze** daran, dass sie sinnvoll allein stehen können und die Personalform des Verbs an zweiter Stelle steht. **Nebensätze** können dagegen nicht sinnvoll allein stehen, und die Personalform des Verbs steht an letzter Satzgliedstelle. Nebensätze erkennst du auch daran, dass sie häufig mit Konjunktionen oder Relativpronomen eingeleitet werden (*da, weil, indem, als, nachdem, bevor, sobald, seit, bis, wenn, während, obwohl, dass, sodass, damit - der, die, das, welcher, welche, welches*).
Wenn du einen Hauptsatz mit einem Nebensatz verknüpfst, entsteht ein **Satzgefüge**. Verbindest du mehrere Hauptsätze in einem Satz miteinander, so entsteht eine **Satzreihe**. Häufig werden dabei Konjunktionen wie *und, oder, denn, aber, doch* verwendet: Der Satzpolizei gelingt eine richtige Bestimmung, *denn* sie kennt die Merkmale genau.

2 „Hier die Einsatzzentrale, Siggi, bitte kommen. Was hast du herausgefunden?" Siggi antwortet nach kurzem Blick auf euren Bericht:

„Hallo Einsatzzentrale, es handelt sich hier um ein ______________!"

Satzreihen und Satzgefüge

3 Verbinde die beiden Sätze jeweils zu einer Satzreihe. Verwende dazu eine Konjunktion.

deshalb aber denn trotzdem

1. Die schnell eintreffende Polizei sperrt die Unfallstelle ab. Der Verkehr staut sich.
   Die schnell ... ____________________ .
2. Die Autos sind vollkommen zerstört. Niemand wurde verletzt.
   ____________________ .
3. Der Fahrer des roten Autos wirkt ruhig. Seine Beifahrerin hat einen Schock.
   ____________________ .
4. Die Polizei ruft die Feuerwehr um Hilfe. Das ausgelaufene Benzin könnte plötzlich brennen.
   ____________________ .

4 Umkreise in den folgenden Sätzen die Personalformen des Verbs. Markiere die Hauptsätze rot und die Nebensätze grün. Handelt es sich jeweils um ein Satzgefüge oder eine Satzreihe?

1. Die Polizisten fotografieren die Autos, da so Beweise gesichert werden.
   (*Hauptsatz, Nebensatz = Satzgefüge*)
2. Der Abschleppdienst kommt an, dann hebt er die Autowracks auf seine Ladefläche.
   (____________________)
3. Die Polizei stellt den Unfallbericht fertig, während die Feuerwehr die Unfallstelle reinigt.
   (____________________)
4. Die Feuerwehr hat ihre Arbeit getan, die Polizei gibt die Strecke frei, und der Stau löst sich auf.
   (____________________)

Vollständige Satzanalysen durchführen

28

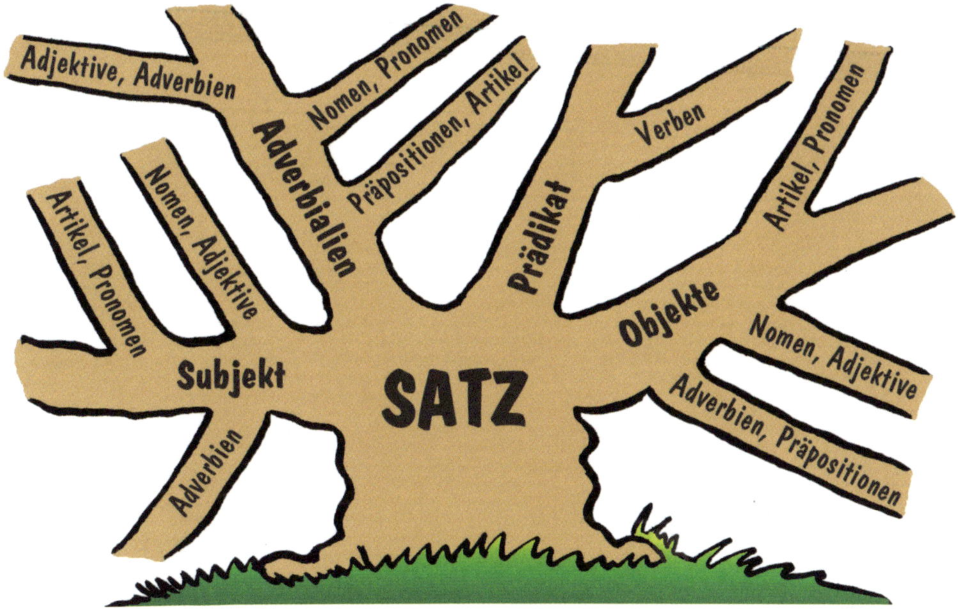

Von einer **vollständigen Satzanalyse** spricht man, wenn man
- von allen Wörtern eines Satzes die **Wortart** bestimmt,
- diese dann zu **Wortgruppen** zusammenfasst und deren **Satzgliedfunktion** bestimmt,
- abschließend die jeweilige **Satzart** nennt.

Diesen Aufbau eines Satzes veranschaulicht ein **Satzbaum**. Er zeigt bildlich, aus welchen Teilen ein Satz besteht und welche Aufgaben diese innerhalb eines Satzes haben. Eine Satz-analyse kannst du auch mit Hilfe einer Tabelle durchführen.

1 In dieser Satzanalyse fehlen noch einige Bestimmungen. Vervollständige die Tabelle.

			Aussagesatz		
			Hauptsatz		
			Prädikat		
	Adjektiv		Verb		
Der	**strenge**	**Lehrer**	**verteilt**	**aufwändige**	**Strafarbeiten.**

Vollständige Satzanalysen durchführen

2 Führe für den folgenden Satz eine vollständige Satzanalyse durch, indem du die Lücken der Tabellen ergänzt.

<table>
<tr><td colspan="5">Aussagesatz</td></tr>
<tr><td colspan="5">Hauptsatz</td></tr>
<tr><td colspan="2"></td><td>Prädikat →</td><td></td><td></td></tr>
<tr><td></td><td></td><td></td><td></td><td>infinites Verb</td></tr>
<tr><td>Diese</td><td>Fernsehserie</td><td>hat</td><td>sie</td><td>gesehen.</td></tr>
</table>

3 Führe für die folgenden Sätze je eine vollständige Satzanalyse durch, indem du die Lücken der Tabellen ergänzt. Bestimme auch die Satzglieder und teile dabei die Tabellenfelder richtig ein.

<table>
<tr><td colspan="8"></td></tr>
<tr><td colspan="8"></td></tr>
<tr><td colspan="4"></td><td>Modales Adverbiale</td><td colspan="3"></td></tr>
<tr><td></td><td></td><td></td><td></td><td>Adjektiv</td><td></td><td></td><td></td></tr>
<tr><td>Die</td><td>Pausen</td><td>ver-
bringen</td><td>wir</td><td>fröhlich</td><td>auf</td><td>dem</td><td>Schul-
hof.</td></tr>
</table>

<table>
<tr><td colspan="8">Satzgefüge</td></tr>
<tr><td colspan="4">Aussagesatz</td><td colspan="4">Aussagesatz</td></tr>
<tr><td colspan="4">Hauptsatz</td><td colspan="4">Nebensatz</td></tr>
<tr><td colspan="4"></td><td>keine Satz-
glied-
funktion</td><td colspan="3"></td></tr>
<tr><td></td><td></td><td></td><td></td><td></td><td></td><td></td><td></td></tr>
<tr><td>Der</td><td>Kinofilm</td><td>gefiel</td><td>uns,</td><td>weil</td><td>wir</td><td>lachen</td><td>mussten.</td></tr>
</table>

1 Markiere in den folgenden Sätzen die Prädikate und bestimme Haupt- und Nebensätze.

Hauptsatz *Nebensatz*

1. Wir **sind** heute sehr nervös, weil unsere Lehrerin uns eine Klassenarbeit **schreiben lässt.**
2. Nachdem die Aufgabenblätter ausgeteilt sind, beginnen alle Schüler sofort mit der Bearbeitung.
3. Die Zeit reicht nicht aus, denn die Lehrerin hat die Klassenarbeit viel zu schwierig gestaltet.
4. Dennoch habe ich ein gutes Gefühl, da ich mich gut auf die Arbeit vorbereitet hatte.
5. Jetzt müssen wir leider länger warten, obwohl ich das Ergebnis meiner Arbeit schnell wissen möchte.

2 Liegt ein Satzgefüge oder eine Satzreihe vor? Kreuze an.

	Satzreihe	Satzgefüge
1. Montags ist die Schultasche immer besonders schwer, denn dann müssen wir den Atlas mitbringen.	●	●
2. Wenn ich mich mit meinen Freunden für den Nachmittag verabredet habe, vergesse ich aus Vorfreude auf diesen Nachmittag alles andere.	●	●
3. Neulich hat sich unser Lehrer an die Tafel gelehnt, sodass sein schwarzer Pullover am Rücken ganz weiß verschmutzt war.	●	●
4. Unser Schulleiter war sehr böse über unseren Streich in der Pause, und unser Klassenlehrer rief sofort unsere Eltern an.	●	●
5. Du isst dein Pausenbrot, ich esse meinen Apfel.	●	●
6. Ich weiß, dass ich nichts weiß.	●	●

Test 9

3 Untersuche die folgende Satzanalyse. Finde die zehn Fehler und verbessere diese.

Fragesatz						
Nebensatz						
Subjekt		Attribut	Verb	Präpositional-objekt		← Prädikat
Pronomen	Nomen	Finites Verb	Personal-pronomen	Best. Artikel	Nomen	finites Verb
Am	**Samstag**	**werden**	**wir**	**eine**	**Radtour**	**machen.**

4 Führe für den folgenden Satz eine vollständige Satzanalyse durch.

Der	**Haus-meister**	**verkauft**	**uns**	**in**	**den**	**Pausen**	**Müsli-riegel.**

5 Kreuze die richtigen Erläuterungen an und markiere die Fehler in den falschen.

- 1. In Nebensätzen steht das finite Verb des Prädikates immer an der letzten Satzgliedstelle.
- 2. Der Nebensatz kann allein stehen.
- 3. Nebensätze werden immer mit Konjunktionen oder Relativpronomen eingeleitet.
- 4. In Hauptsätzen steht das finite Verb des Prädikates immer an 3. Satzgliedstelle.
- 5. Hauptsätze können allein stehen und ergeben einen Sinn.
- 6. In einer Satzreihe werden Haupt- und Nebensätze miteinander verknüpft.
- 7. In einem Satzgefüge werden Haupt- und Nebensätze miteinander verknüpft.
- 8. Wenn in einem Satz nur Hauptsätze miteinander verbunden sind, liegt eine Satzreihe vor.

Komma in Satzgefügen und Satzreihen

29

Man unterscheidet **Satzreihen** und **Satzgefüge**.
a) In **Satzreihen** sind Hauptsätze miteinander verbunden. Du erkennst Hauptsätze daran, dass sie sinnvoll allein stehen können und die Personalform des Verbs an zweiter Stelle steht. Hauptsätze in Satzreihen werden oft mit Konjunktionen (*oder, denn, aber, doch* usw.) verbunden und grundsätzlich mit Komma voneinander abgetrennt. Ausnahmen: Wenn die Hauptsätze mit *und* oder *oder* verbunden sind, kann ein Komma gesetzt werden, muss aber nicht.
b) In **Satzgefügen** sind Haupt- und Nebensätze miteinander verbunden. Im Unterschied zu Hauptsätzen können Nebensätze nicht sinnvoll allein stehen, und die Personalform des Verbs steht an letzter Satzgliedstelle. Nebensätze können in Satzgefügen dem Hauptsatz vorangestellt oder nachgestellt sein, sie können aber auch in den Hauptsatz eingeschoben werden. Nebensätze werden von Konjunktionen (*weil, da, dass* u.a.), Relativpronomen (*der, die, das* u.a) oder Adverbien (*nachdem, während* u.a.) eingeleitet. In allen Fällen werden Hauptsatz und Nebensatz durch Komma voneinander getrennt.
Wenn ein Teilsatz kein Subjekt enthält und mit *und* oder *oder* verbunden ist, darf kein Komma gesetzt werden: *Ich gehe tauchen und genieße die Unterwasserlandschaft*.

1 Markiere in den folgenden Satzgefügen und Satzreihen die Hauptsätze rot, die Nebensätze grün.

1. Wasserpflanzen schwingen sanft in der Strömung, kleine Krebse suchen Schutz zwischen ihnen.
2. Ein Hecht schießt lautlos davon, weil ich ihn berühren wollte, als ich ihn vor mir entdeckte.
3. Da es unter Wasser keine Geräusche gibt, kann ich mich ganz auf das Sehen konzentrieren.
4. Das Sonnenlicht, das auf das Wasser fällt, glitzert in vielen Farben.

Komma in Satzgefügen und Satzreihen

2 Schreibe anhand der drei Vorgaben die Satzgefüge auf und setze die richtigen Kommas.

Hauptsatz (HS)
ich lasse mich ins Wasser fallen

Nebensatz (NS)
nachdem die Ausrüstung geprüft ist

1. HS – NS:
   Ich lasse mich … ______________________________.
2. NS – HS:
   ______________________________.
3. HS – NS – HS:
   ______________________________.

3 Setze die fehlenden Kommas.

Heute soll es endlich so weit sein, heute soll ich meinen ersten Weißen Hai sehen können. Die Helfer auf dem Boot haben große Köder ausgehängt zuvor wurde während der Fahrt bereits eine übel riechende Duftspur aus Fischresten und Blut ausgelegt. Wir selbst sind fertig angekleidet und die Ausrüstung ist vollständig überprüft ich bin bereit. Der Schutzkäfig ist in unmittelbarer Nähe der Köder zu Wasser gelassen als der Kapitän plötzlich das ersehnte Signal „White Shark" ausruft. Sofort steigen wir in den Käfig und zücken unsere Unterwasserkameras. Da schwebt er heran ganz lautlos und sehr elegant nähert er sich dem riesigen Köder. Ich bin überwältigt von dem wunderschönen Tier das ungefähr 5 Meter lang ist. Der majestätische Anblick lässt mich vor Ehrfurcht erstarren sodass ich sogar das Fotografieren vergesse. Dann öffnet er fast bedächtig das riesige Maul er schließt seine Augen sodass er jetzt seine rasiermesserscharfen Zahnreihen in den Fischköder treiben kann den er scheinbar mühelos in zwei Hälften teilt. Ganz ruhig dreht er ab zeigt uns noch einmal seine andere Seite und verschwindet dann in dem Blau der Tiefe mein Weißer Hai!

Komma bei Aufzählungen

30

1 Wie lautet der vollständige Satz, den die Aufzählungssortieranlage gerade bearbeitet?

Heute hatten wir Deutsch, Englisch ________________.

Aufzählungen, die du nicht mit *und* oder *oder* verbinden willst, werden immer durch Komma abgetrennt. Dabei spielt es keine Rolle, was du aufzählst, denn dies können sowohl einzelne Wörter, Wortgruppen als auch Teilsätze sein. Steht vor dem letzten Aufzählungselement ein *und*, *oder* oder *sowie*, entfällt das Komma:

> Meine Freundin ist witzig, klug, nett und liebenswert. (=Wörter)
> Meine Mutter verlangte von mir das Heruntertragen des Mülls, das Erledigen der Hausaufgaben oder das Aufräumen meines Zimmers. (=Wortgruppen)
> Schule macht mir oft Freude, verursacht manchmal Angst, bereitet zuweilen Sorge sowie mitunter Langeweile. (=Teilsätze)

Achtung: Auch bei der Aufzählung von Adjektiven in ihrer Funktion als Attribut musst du ein Komma setzen: Meine alte, befleckte Hose. Sind diese Adjektive jedoch nicht gleichrangig, kann man also zwischen ihnen kein *und* einfügen, wird kein Komma gesetzt: Meine neue blaue Hose. (Du hast schon eine blaue Hose, und dies ist eine weitere blaue, allerdings eine neue.)

2 Bilde mit den Wörtern und Wortgruppen vollständige Sätze. Trage die Kommas ein.

teils windig, und, Kakao, Milch, Saftschorle, teils heiter, Eistee, morgens, oder

1. *Gestern war es teils regnerisch …* ________________.
2. *Am liebsten trinke ich …* ________________.

Komma bei Aufzählungen

3 Trage die fehlenden Kommas ein.

Zu meiner Geburtstagsparty am Samstag habe ich Lena, Anne Sophie Mara und Jana eingeladen.
Sie haben mir zusammen ein grellgelbes Freundschaftsbuch einen Kinogutschein für morgen Abend und ein süßes Kuscheltier geschenkt. Nach dem Auspacken der Geschenke dem Kaffeetrinken und dem kurzen Lästern über die Jungen zogen wir dann los. Sophie und Jana hatten eine tolle unglaubliche einfach wunderbare Überraschung vorbereitet. Die beiden führten uns in einen Wald und dort standen sie hoben die Köpfe schauten in unsere Richtung und scharrten mit den Hufen: sechs gesattelte Ponys unseres Reitervereins. Waren das ein Jubel eine Freude und ein Geschrei, mit dem wir uns in die Sättel stürzten. Und so galoppierten wir über die Wiesen schossen über Lichtungen hinweg ließen Moore neben uns liegen und tasteten uns durch dicht stehende Bäume.
Müde erschöpft hungrig aber vollkommen glücklich kamen wir am Reiterhof an. Und dort warteten auch schon meine Eltern Großeltern und meine Patentante mit leckeren Bratwürstchen tollen Salaten und frisch gebackenem Brot. So einen schönen überraschenden und unvergesslichen Geburtstag habe ich noch nie erlebt.

4 Bilde Sätze, die Aufzählungen enthalten und trage die richtigen Kommas ein.

~~Rumpelstilzchen~~ der Kontrabass
ein roter Knopf ein schwarzes Haar Fingerabdrücke
die Blockflöte Mäuse Biber ~~Schneewittchen~~
Hasen ~~Rotkäppchen~~ das Schlagzeug

1. *Schneewittchen, Rotkäppchen und Rumpelstilzchen* sind berühmte Märchengestalten.

2. ______________________ gehören zu den Nagetieren.

3. Musikinstrumente sind zum Beispiel ______________________ .

4. ______________________ haben den Täter überführt .

Zeichensetzung bei der wörtlichen Rede

1 Trage das wörtlich Gesagte in die passenden Lücken ein.

„ ______________________________ ?“, fragt Tom. Bill antwortet souverän:

„ ______________________ .“ „ ______________________________

______________________ “, stellt Tom verängstigt fest. „ ______________ “,

beruhigt ihn Bill, „aber ______________________________________

______________________________ !“

In Comics ist das Gesprochene und Gedachte durch Sprech- und Gedankenblasen klar ersichtlich. In einem Text übernehmen die Anführungszeichen die Rolle der Sprechblasen. Deshalb wird die **wörtliche Rede** (direkte Rede und auch Gedanken als Gespräche mit sich selbst) grundsätzlich in Anführungszeichen eingeschlossen.
Den Beginn der wörtlichen Rede kennzeichnen die **unten** gesetzten Anführungszeichen, während das Ende durch die **oben** gesetzten Anführungszeichen markiert ist.
Oftmals benennt ein **Redebegleitsatz**, wer wie etwas zu wem – und manchmal auch wie – sagt. Dieser Redebegleitsatz kann bezüglich der wörtlichen Rede drei Positionen einnehmen. Vorangestellt benötigt er einen Doppelpunkt, der die folgende wörtliche Rede ankündigt. Der nachgestellte und der eingeschobene Redebegleitsatz werden von der wörtlichen Rede immer durch Komma getrennt. Der Schlusspunkt in der wörtlichen Rede entfällt dann jedoch. Dies gilt nicht für Frage- und Ausrufezeichen, diese bleiben erhalten.

Der Lehrer sagt: „Morgen ist schulfrei.“ (*Vorangestellter Redebegleitsatz*)
„Morgen ist schulfrei“, *sagt der Lehrer.* (*Nachgestellter Redebegleitsatz*)
„Morgen ist schulfrei!“, *ruft der Lehrer.* (*Redebegleitsatz nach Ausrufezeichen*)
„Morgen“, sagt der Lehrer, „ist schulfrei.“ (*Eingeschobener Redebegleitsatz*)

Zeichensetzung bei der wörtlichen Rede

2 Am 13. April 1970 explodieren an Bord der Mondfähre Apollo 13 der Sauerstofftank und die Brennstoffzellen. Der Kommandant James Lovell sendet einen weltberühmten Hilferuf an das Kontrollzentrum in Houston. Am 17. April schließlich können alle wohlbehalten gerettet werden.

Wie lautet der Hilferuf des Kommandanten? Schreibe ihn mit Hilfe der Wörterschlangen in unterschiedlicher Satzstellung auf. Setze dabei die fehlenden Satzzeichen und bewahre die Position des Redebegleitsatzes.

1. JamesLovellmeldetHouston,wirhabeneinProblem

James Lovell meldet: ... ____________________ !

2. Houston,wirhabeneinProblemmeldetJamesLovell

____________________ .

3. HoustonmeldetJamesLovellwirhabeneinProblem

____________________ !

3 Das folgende Gespräch hat im Jahre 2006 zwischen der Bundeskanzlerin Angela Merkel und dem Astronauten Thomas Reiter, der gerade auf einer Mission im All unterwegs war, ungefähr in ähnlichem Wortlaut stattgefunden. Setze die fehlenden Doppelpunkte, Anführungszeichen und Kommas bei Redebegleitsätzen.

Bundeskanzlerin Angela Merkel fragt:„Was tun sie gerade? Der deutsche Astronaut Thomas Reiter antwortet Heute Morgen haben wir eine kleine Notsituationsübung durchgespielt. Ein angeblicher Druckverlust in unserer Station war die Aufgabe erläutert er weiter. Ansonsten experimentieren wir hier viel. Interessant! meint Frau Merkel. Konnten Sie denn auch Ihrem Hobby nachkommen? Nein lacht Herr Reiter leider war keine Zeit dazu, aber ich habe meine Gitarre immerhin schon gestimmt. Und wie klappt es mit dem Schlafen? erkundigt sich die Kanzlerin. Ja, wunderbar. Ich kann in der Schwerelosigkeit sehr gut schlafen, obwohl man ja nicht so erklärt er auf dem Rücken, auf der Seite oder dem Bauch liegt. Frau Merkel kommentiert Wahrscheinlich schlafen Sie besser als wir zur Zeit in Deutschland, denn bei uns ist es unglaublich warm. Für uns ist das eine tolle Gelegenheit, bei wolkenfreier Sicht schöne Fotos von Deutschland und sogar Frankfurt und Umgebung zu machen schwärmt der Astronaut.

1

Kreuze die richtigen Erläuterungen an und markiere die Fehler in den falschen.

1. Hauptsätze werden grundsätzlich mit Komma voneinander getrennt.
2. Wenn in einer Satzreihe zwei Hauptsätze mit *und* oder *oder* verbunden sind, müssen diese mit Komma abgetrennt werden.
3. Ist in einem Teilsatz kein Subjekt vorhanden und wird dieser mit *und* oder *oder* verbunden, darf kein Komma gesetzt werden.
4. Zwischen Hauptsatz und Nebensatz darf kein Komma stehen.
5. In Aufzählungen werden die einzelnen Wörter, Wortgruppen oder auch Teilsätze mit Komma abgetrennt.
6. Vor dem letzten Aufzählungselement steht meist ein *und* oder *oder,* das ebenfalls mit einem Komma abgetrennt wird.
7. Die wörtliche Rede wird stets von Anführungszeichen umschlossen.
8. Das Ende einer wörtlichen Rede wird durch die unten gesetzten Anführungszeichen gekennzeichnet.
9. Die Redeeinleitung kann nicht vor der wörtlichen Rede stehen.
10. Der nachgestellte und der eingeschobene Redebegleitsatz werden immer durch ein Komma getrennt.

2

Wähle die richtige Darstellung aus. Handelt es sich jeweils um eine Satzreihe oder ein Satzgefüge?

a) **Satzgefüge**
HS
NS

b) **Satzreihe**
HS 1
HS 2

c) **Satzgefüge**
HS 1 – NS
HS 2

d) **Satzgefüge**
HS 1 – NS
HS 1

1. Jeden Sonntag, wenn die Uhr zwölf schlägt, macht sich Dieter auf den Weg zum Joggen.
2. Seine Runde führt ihn um den See, der von vielen Läufern geliebt wird, denn der Blick auf das Wasser beruhigt.
3. Weil Dieter meist viel zu schnell startet, spürt er bereits nach der halben Runde um den See ein heftiges Seitenstechen.
4. Dennoch macht ihm das Joggen großen Spaß, aber noch mehr freut er sich auf das wohlverdiente Eis vom Seecafé.

1. ____________ 2. ____________ 3. ____________ 4. ____________

Test 10

3 Setze die Kommas.

1. Die Buchstaben a b c bilden den Beginn des Alphabets.
2. Noël kann sich fürchterlich über bellende Hunde über stinkende Mülleimer über pinkfarbene Kleidung und über schreckliche Klingeltöne aufregen.
3. Gut gelaunt hüpft Lara pfeifend durch die Wohnung herzt ihre Mutter und hilft lachend beim Abräumen des Tisches.
4. Köstlich süß sahnig und unwiderstehlich empfindet Marco den Geschmack von Vanilleeis.

4 Im folgenden Text fehlen noch einige Satzzeichen. Trage sie ein.

Drei Schildkröten sind zu einer Quelle unterwegs denn sie plagt ein mächtiger immer stärker werdender Durst. Sie laufen ein Jahr zwei Jahre drei Jahre bis sie endlich ankommen. Fast verdurstet erschöpft und gierig wollen sich die ersten beiden Schildkröten auf das Wasser stürzen da bemerkt plötzlich die dritte Schildkröte dass sie ihr edles Trinkglas vergessen hat.
He ruft sie den anderen zu habt ihr auch eure Trinkgläser vergessen?
Die beiden anderen schlagen sich mit der Vorderpfote vor die Stirn: Oh, wir haben sie auch vergessen. Aber das ist doch jetzt völlig egal! ruft eine von beiden. Die andere nickt ihr zustimmend zu und klagt: Ich habe so einen Durst!
Nein, nein, maßregelt die dritte Schildkröte ihre beiden Gefährtinnen, also ohne Trinkglas genehmigt sich hier niemand auch nur einen winzigen Schluck Wasser, das geht doch nicht! Wo sind denn bitteschön eure Manieren geblieben?
Die beiden anderen wiegen unsicher ihre Köpfe. Sie haben zwar großen Durst aber sie verstehen auch die Ansicht ihrer Freundin.
Passt auf schlägt die Schildkröte mit Manieren den beiden anderen vor, ihr wartet hier und ich gehe zurück und hole unsere Trinkgläser!
Auf diesen Vorschlag lassen sich die beiden ein und sie setzen sich auf einen bequemen warmen flachen Stein und warten. Und sie warten lange sie warten ein Jahr zwei Jahre drei Jahre. Mit einem Male hält es die eine Schildkröte nicht mehr aus springt in die Höhe und brüllt die andere an: Ich weiß nicht was du denkst aber mir ist jetzt alles egal ich muss jetzt etwas trinken!
Die andere steht verdutzt da und beobachtet ihre energische Freundin. Diese geht festen entschlossenen Schrittes zur Quelle öffnet das Maul und will gerade einen Schluck des ersehnten Nasses ihre Kehle hinabrinnen lassen da kommt plötzlich die dritte Schildkröte aus einem Busch hervor und beschwert sich ärgerlich: Also wenn ihr schummelt gehe ich gar nicht erst los!

Lösungen

Bestandsaufnahme

Wenn du bestimmte Themen ganz gezielt üben oder wiederholen möchtest, findest du sie im Übungsteil am angegebenen Ort.

Richtige Lösungen	Themen im Übungsteil
1 b)	1 Hilfs- und Modalverben
2 c)	2 Futur II
3 a)	3 Aktiv und Passiv
	4 Vorgangs- und Zustandspassiv
4 c)	3 Aktiv und Passiv
	5 Passiv und Tempora
5 b)	6 Demonstrativpronomen
	8 Relativpronomen
	9 Reflexivpronomen
6 b)	10 Konjunktionen
	11 Adverbien
7 a)	13 Prädikativ (Prädikatsnomen)
8 a)	14 Adverbialien (Bildung)
	15 Lokale Adverbialien
	18 Modale Adverbialien
9 a)	16 Kausale Adverbialien
	18 Modale Adverbialien
10 c)	16 Kausale Adverbialien
	18 Modale Adverbialien
	19 Instrumentale Adverbialien
	20 Finale Adverbialien
	21 Adverbialien unterscheiden

Richtige Lösungen	Themen im Übungsteil
11 a)	15 Lokale Adverbialien
	16 Kausale Adverbialien
	17 Temporale Adverbialien
	18 Modale Adverbialien
	19 Instrumentale Adverbialien
	20 Finale Adverbialien
	21 Adverbialien unterscheiden
12 c)	22 Adjektivattribut
13 b)	22 Adjektivattribut
	23 Genitivattribut
	24 Präpositionalattribut
	25 Adverbattribut
	26 Attribute unterscheiden
14 b) *des Schulhofs*	22 Adjektivattribut
	23 Genitivattribut
	24 Präpositionalattribut
	25 Adverbattribut
	26 Attribute umterscheiden
15 a)	27 Satzreihen und Satzgefüge
16 b) Komma nach *meine*	29 Komma in Satzgefügen und Satzreihen
17 c)	29 Komma in Satzgefügen und Satzreihen
	30 Komma bei Aufzählungen
18 a)	31 Zeichensetzung bei der wörtlichen Rede

1 Hilfs- und Modalverben

1

1. Ich **soll** abends während des Fahrradfahrens das Licht anmachen. (**Vorschrift**)
2. Ich **muss** meine Taschen vor Betreten des Ladens abgeben. (**Zwang**)
3. Ich **will** mehr Ferien. (**Wille**)
4. Ich **darf** in dem See schwimmen. (**Erlaubnis**)
5. Ich **kann** hier mein Fahrrad abstellen. (**Möglichkeit**)
6. Ich **möchte** ein neues Handy haben. (**Wunsch**)

2

Dies **ist** (Hilfsverb) ein wildes Tier und **darf** (Modalverb) auf keinen Fall gefüttert werden. Wenn Ihnen übel **wird** (Hilfsverb), **sollten** (Modalverb) Sie nicht in die Tiefe schauen. Dein Monopoly-Mitspieler **kann** (Modalverb) sich freuen, wenn du Miete an ihn zahlen **musst** (Modalverb).

3

2. Unser Reiseleiter ~~hat~~ ein netter Spanier. **(ist)**
3. Nicht alle in unserer Familie ~~wird~~ Spanischexperten. **(sind)**
4. Nur meine Mutter ~~sind~~ ein Spanisch-Lexikon. **(hat)**
5. Sie ~~ist~~ im Urlaub fast zu einer richtigen Spanierin. (**wird)**
6. Spanienurlaube ~~haben~~ prima, wir ~~sind~~ immer sehr viel Spaß. (**sind/haben**)

4

2. Du **musst** den Fahrradweg benutzen.
3. Du **darfst** dich überall hinsetzen.
4. Du **musst** dir den Zahn ziehen lassen.
5. Du **kannst** überall erreicht werden.
6. Du **möchtest** den Kinofilm sehen.
7. Du **willst** den Führerschein machen.

2 Futur II

1

Wird das für Wachauge die letzte Gelegenheit zur Beförderung **gewesen sein**?

2

1. Übermorgen **werde ich die Konstruktionszeichnung von meiner Seifenkiste gemacht haben.**
2. Am Sonntag **werde ich das Material besorgt haben.**
3. Am Sonntagabend **werde ich die Kiste zusammengebaut haben.**
4. Am Dienstag **werde ich die erste Probefahrt gemacht haben.**
5. Am Dienstagabend **werde ich ein Proberennen mit meinem Freund veranstaltet haben.**
6. **Welche Plätze werde ich** am Mittwochabend **wohl belegt haben**?

Lösungen

3

P	FI	FII	
X	●	●	Ich leihe mir übermorgen den Krimi aus der Bibliothek aus.
●	X	●	Wahrscheinlich werde ich dann gleich anfangen, ihn zu lesen.
●	X	●	Vielleicht werde ich schon am Freitag damit fertig sein.
●	●	X	Zumindest am Montag werde ich ihn aber gelesen haben.
X	●	●	Soll ich das Buch dann zurückgeben?
●	X	●	Oder wirst du den Krimi dann auch lesen?
X	●	●	Du kannst ja auch abwarten,
●	●	X	wie er mir gefallen haben wird.

Test 1

1

X 1. *sein, haben* und *werden* sind Hilfsverben.
X 2. Hilfsverben können allein kein Prädikat bilden.
☹ 3. Man benötigt Hilfsverben bei der Bildung des ~~Präteritums und des Präsens.~~ Richtig: Man benötigt Hilfsverben bei der Bildung des Perfekts, Plusquamperfekts, des Futurs I und II und der Passivformen.
X 4. Modalverben können den Inhalt eines anderen Verbs verändern, weil sie die Sicht auf einen Sachverhalt bestimmen.
☹ 5. *Dürfen, können, mögen, sollen, ~~haben~~, ~~sein~~* sind Modalverben.

2

1. Das Dach des Hauses **ist** feuerrot.
2. Gestern **habe** ich sehr schlecht geschlafen, sodass ich heute sehr müde **bin**.
3. Wenn das so weiter geht, **werde** ich gleich sehr wütend.
4. Das schafft er nicht, mit dieser Aufgabe **wird** er nicht fertig.
5. Nein, sie kommen heute nicht, sie **sind** alle sehr krank.
6. Ach so, ihr **seid** gerade in Berlin.
7. Ja, wir **haben** alle eine Erkältung.

3

Modalverben	**Funktion**
können	Möglichkeit/Fähigkeit
sollen	Aufforderung/Vorschrift
müssen	Zwang/Gebot
dürfen	Erlaubnis
wollen	Absicht/Wille
mögen	Wunsch/Möglichkeit

4
1. Mein Zug hat Verspätung, **kannst** du mich vom Bahnhof abholen?
2. In diesen Räumen **darf** man nicht rauchen!
3. Um ein gutes Ergebnis zu erzielen, **sollten** Sie die Gebrauchsanweisung genau lesen.
4. Petra und Eva haben den Unterricht gestört, sie **müssen** eine Strafarbeit anfertigen.
5. Erdbeereis? Nein, ich **möchte** lieber eine Kugel Kirscheis, bitte!
6. Los, her mit dem Ball, wir **wollen** sofort anfangen!

5
1. Das Futur II bezeichnet ein Geschehen oder einen Zustand, der in der ~~Vorvergangenheit~~ liegt. Falsch. Der Vorgang liegt in der Zukunft und wird dort bereits als abgeschlossen betrachtet.
2. Mit dem Futur II blicke ich, ausgehend von heute, auf die Zukunft und von dort wieder zurück.
3. Das Futur II wird mit der Personalform des Hilfsverbs *haben*, dem Partizip Perfekt und dem Hilfsverb sein oder haben gebildet. Falsch. Es wird mit der Personalform des Hilfsverbs *werden* gebildet.

6

Präsens	Futur I	Futur II
1. ich laufe	**ich werde laufen**	**ich werde gelaufen sein**
2. **du schläfst**	du wirst schlafen	**du wirst geschlafen haben**
3. er sitzt	**er wird sitzen**	**er wird gesessen haben**
4. **wir springen**	wir werden springen	**wir werden gesprungen sein**
5. ihr lacht	**ihr werdet lachen**	**ihr werdet gelacht haben**
6. **sie schwimmen**	sie werden schwimmen	**sie werden geschwommen sein**

3 Aktiv und Passiv

1
a) Sina liebt ihr lila Mäppchen, bemalt und beschreibt es. Sie packt Stifte hinein und wirft es durch die Klasse. Sina nutzt es als Spickzettel und als Versteck für Süßigkeiten, und manchmal reicht sie es als „geheimen Briefkasten" während des Unterrichts weiter."

b) Das lila Mäppchen wird von Sina geliebt, bemalt und beschrieben. Es werden Stifte hineingepackt, und es wird von Sina als Spickzettel und als Versteck für Süßigkeiten genutzt, und manchmal wird es als „geheimer Briefkasten" während des Unterrichts weitergereicht.

2
Text a) ist mit Blick auf Sina geschrieben. Text b) ist mit Blick auf Sinas Mäppchen geschrieben.

3
2. Ein neues Mountainbike **wird** von Frank **gekauft**.
3. Unsere Gäste **werden** von meinem Vater zum Bahnhof **gebracht**.
4. Dieser Fehler **wird** von unserem Lehrer **übersehen**.
5. Eine Klassenarbeit **wird** von den Schülern in der dritten Stunde **geschrieben**.
6. Unsere Freunde **werden** von uns heute nach der Schule **abgeholt**.

4

2. Der bissige Hund **vertreibt** den Einbrecher.
3. Ein Polizist **hilft** uns nach der Reifenpanne.
4. Meine Eltern **erfüllen** meine Weihnachtswünsche nicht vollständig.
5. Der Klassenstreber **reinigt** die Tafel.

4 Vorgangs- und Zustandspassiv

1

1. Jesse zerschießt eine Flasche.	Aktiv
2. Die Flasche wird von Jesse zerschossen.	Täterabgewandtes Vorgangspassiv
3. Die Flasche wird zerschossen.	Täterloses Vorgangspassiv
4. Die Flasche ist zerschossen.	Zustandspassiv

2

Das Lösungswort lautet **Steckbrief**.

	A	TaV	TlV	Z
1. Dem Pferdedieb gelingt die Flucht.	S			
2. Auf seinen Kopf ist eine hohe Belohnung ausgesetzt.				T
3. Das Grab wird vom Totengräber geschaufelt.		E		
4. Beobachtet wird der Verdurstende von den Geiern.		C		
5. Der Whiskey wird eingeschenkt.			K	
6. Vor dem Saloon sind die Pferde angebunden.				B
7. Durch das Eingreifen des Pfarrers endet die Schießerei.	R			
8. Das Duell wird beobachtet.			I	
9. Die Schusswunde wird vom Doc versorgt.		E		
10. Der Colt wird schnell gezogen.			F	

3

1. Der Sheriff nimmt die Pferdediebe fest.	Aktiv
2. **Die Pferdediebe werden vom Sheriff festgenommen.**	Täterabgewandtes Vorgangspassiv
3. **Die Pferdediebe werden festgenommen.**	Täterloses Vorgangspassiv
4. **Die Pferdediebe sind festgenommen.**	Zustandspassiv

1. Die Räuber stoppen die Postkutschen.	Aktiv
2. **Die Postkutschen werden von den Räubern gestoppt.**	Täterabgewandtes Vorgangspassiv
3. **Die Postkutschen werden gestoppt.**	Täterloses Vorgangspassiv
4. **Die Postkutschen sind gestoppt.**	Zustandspassiv

1. Die Gefängnistüren sind aufgebrochen.	Zustandspassiv
2. Black Jake **bricht die Gefängnistüren auf.**	Aktiv
3. **Die Gefängnistüren werden von Black Jake aufgebrochen.**	Täterabgewandtes Vorgangspassiv
4. **Die Gefängnistüren werden aufgebrochen.**	Täterloses Vorgangspassiv

5 Passiv und Tempora

1

Anton Aktiv	3. Person Singular Tempus	Peter Passiv
C1 er/sie/es trifft	**Präsens**	B4 er/sie/es wird getroffen
B3 er/sie/es traf	**Präteritum**	D3 er/sie/es wurde getroffen
D2 er/sie/es wird treffen	**Futur I**	C4 er/sie/es wird getroffen werden
B1 er/sie/es hat getroffen	**Perfekt**	E2 er/sie/es ist getroffen worden
D4 er/sie/es hatte getroffen	**Plusquamperfekt**	A1 er/sie/es war getroffen worden
E4 er/sie/es wird getroffen haben	**Futur II**	D1 er/sie/es wird getroffen worden sein

2

C2: er/sie/es ist getroffen (**Präsens**)
B2: er/sie/es war getroffen (**Präteritum**)
C3: er/sie/es wird getroffen sein (**Futur I**)
A3: er/sie/es ist getroffen gewesen (**Perfekt**)
A4: er/sie/es war getroffen gewesen (**Plusquamperfekt**)
E3: er/sie/es wird getroffen gewesen sein (**Futur II**)

3

Vorgangspassiv	Tempus	Zustandspassiv
1. **ich werde gesucht**	Präsens	**ich bin gesucht**
2. **ich wurde gesucht**	Präteritum	**ich war gesucht**
3. **ich werde gesucht werden**	Futur I	**ich werde gesucht sein**
4. **ich bin gesucht worden**	Perfekt	**ich bin gesucht gewesen**
5. **ich war gesucht worden**	Plusquamperfekt	**ich war gesucht gewesen**
6. **ich werde gesucht worden sein**	Futur II	**ich werde gesucht gewesen sein**

4

Person, Numerus, Tempus	Vorgangspassiv	Zustandspassiv
1. 2. Person Plural, Futur I	**ihr werdet überrascht werden**	ihr werdet überrascht sein
2. 3. Person Plural, Perfekt	sie sind beleidigt worden	**sie sind beleidigt gewesen**
3. 1. Person Plural, Präteritum	**wir wurden verwundet**	wir waren verwundet
4. 1. Person Singular, Plusquamperfekt	ich war gerächt worden	**ich war gerächt gewesen**
5. 2. Person Singular, Futur II	**Du wirst gestraft worden sein**	Du wirst gestraft gewesen sein.
6. 3. Person Singular, Präsens	er/sie/es wird geschminkt	**er/sie/es ist geschminkt.**
7. 3. Person Plural, Präsens	**sie werden geföhnt**	sie sind geföhnt
8. 1. Person Singular, Präsens	ich werde gebadet	**ich bin gebadet**
9. 2. Person Plural, Perfekt	**du bist eingecremt worden**	du bist eingecremt gewesen
10. 2. Person Singular, Plusquamperfekt	du warst untersucht worden	**du warst untersucht gewesen**
11. 1. Person Plural, Präteritum	**ich wurde gewaschen**	ich war gewaschen
12. Person Singular, Futur II	er/sie/es wird überwältigt worden sein	**er/sie/es wird überwältigt gewesen sein**

Lösungen

Test 2

1

Aktiv	**Passiv**
- die Tatform	- die Leideform
- gibt das Geschehen aus der Sicht des Handelnden wieder	- gibt das Geschehen aus Sicht des Betroffenen wieder
- das Subjekt handelt	- mit dem Subjekt geschieht etwas

2

✗ 1. Bei der Umwandlung von Aktiv zu Passiv wird das Objekt zum Subjekt und das Subjekt zum Objekt.

☹ 2. Bei der Umwandlung von Aktiv zu Passiv verändern sich die Personalpronomen **nie**. Falsch. Vergleiche: **Ich** male dein Papier an (Aktiv). Dein Papier wird von **mir** angemalt (Passiv).

✗ 3. Das Vorgangspassiv bezeichnet Vorgänge, bei denen der eigentlich Handelnde stark in den Hintergrund gedrängt wird: täterabgewandtes oder täterloses Passiv.

✗ 4. Das Zustandspassiv bezeichnet ein Resultat, das Ergebnis eines Vorganges.

☹ 5. Das **Zustandspassiv** bezeichnet man auch als **„werden-Passiv"** und das **Vorgangspassiv** auch als **„sein-Passiv"**. Falsch. Es ist umgekehrt.

☹ 6. Im Passiv können **nicht** alle Tempora verdeutlicht werden.

3

1. Der Briefträger **wird** vom Hund **gebissen**.
2. Meine Schultasche **wird** von mir ganz hinten im Schrank **wiedergefunden**.

4

2. Den Schülern wird vom Schulleiter der Stundenplan mitgeteilt.	**Täterabgewandtes Vorgangspassiv**
3. Den Schülern wird der Stundenplan mitgeteilt.	**Täterloses Vorgangspassiv**
4. Der Stundenplan ist mitgeteilt.	**Zustandspassiv**

5

2. 1. Person Plural, Präteritum, Zustandspassiv
3. 3. Person Plural, Futur II, täterabgewandtes Vorgangspassiv
4. 2. Person Plural, Präsens, Zustandspassiv
5. 2. Person Singular, Perfekt, täterloses Vorgangspassiv
6. 3. Person Singular, Futur II, täterabgewandtes Vorgangspassiv

6 Demonstrativpronomen

1

Mark: „Boah, schau mal. Da ist das neueste Handy: superdünn, superleicht, Superdisplay!"
Corinna: „Meinst du **das** da?"
Mark: „Nein, **das** ganz hinten!"
Corinna: „Ach, **jenes** neben dem Silbernen?
Mark: „Nein, weiter links.
Corinna: „**Dieses** auf dem Sockel?"
Mark: „Genau **das**. Super, oder?"
Corinna: (holt ihr Handy aus der Tasche) „Sieht **das** nicht so ähnlich wie **dieses** hier aus?"

2 Mark schlägt sich an die Stirn: „Das gibt es doch nicht! Ich zeige hier wie verrückt auf **dieses** und **jenes,** und sie hat **das** schon!"

3
1. **Diesen** Film mag ich sehr, **jenen** überhaupt nicht.
2. **Dieser** Berg wirkt größer als **jener.**
3. An **diesem** Morgen müssen die Schüler die Aufgaben erledigen, die sie an **jenem** nicht bewältigen konnten.
4. **Diese** Schuhe passen euch, **jene** sind zu groß.
5. In **jenen** Zeiten hatte man keinen Fernseher, in **diesen** Zeiten steht fast in jedem Zimmer ein Gerät.
6. In **diese** Straße müssen Sie einbiegen, **jene** dort hinten führt Sie nicht zum Ziel.

4
1. Weil **dieser/der** Drucker schneller als **jener** war, war das Referat sofort zur Hand.
2. Er greift in den Lostopf und zieht zwei Lose, **dieses** war ein Gewinn, **jenes** eine Niete.
3. Hier ist dein Geschenk; hoffentlich ist **dies/das** das richtige für dich.
4. Diese Entscheidung war richtig, **jene** sicher nicht.

7 Indefinitpronomen

1 Wer braute den Trank? **Jemand.**

2
1. **einige** Kraft
2. **viele** Zutaten
3. ein **paar** Siebwurzgräser
4. **irgendeinem** Gerät
5. **bisschen** Distelsaft
6. **wenig** zerkocht
7. **mehrere** Silberschwotzzöglinge
8. **alles** zusammen erwärmt
9. ein **paar** Stunden
10. **etwas** Hitze
11. **einige** Kräuter
12. **manch** Gewürz
13. **wenig** Sporenpilzgelatine
14. **nichts** vom Wildschwein
15. **kein** Barthaar

3

I	R	G	E	N	D	J	E	M	A	N	D
	A			A							R
M		L		L		D				A	
A			L	L		E			A		
N		E		E		R		P			M
C		I		R	S		K				A
H		N	I	C	H	T	S	E			N
E		E	T	W	A	S		I	I		
N		M						N		N	
	E	T	L	I	C	H	E	I			
M	E	H	R	E	R	E		G			
		B	I	S	S	C	H	E	N		

2. **Aller** Anfang ist schwer.
3. Das ist doch ein **bisschen** viel verlangt.
4. Zuerst fielen nur ein **paar** Regentropfen, dann brach das Gewitter los.
5. Das Auto gehört nicht mir, sondern **einem** unserer Nachbarn.
6. Nicht alle, aber zumindest **einige** meiner Freunde beobachteten uns.
7. In meinem Regal haben sich **etliche** Bücher angesammelt.
8. Der Motor klingt nicht gut, da klappert doch **etwas.**
9. Du täuschst dich, da klappert **nichts.**
10. **Jeder** ist seines Glückes Schmied.
11. Gerade eben war er noch da, es ist **keine** halbe Stunde her.
12. Das kann **man** auch anders sehen!
13. An **manchen** Tagen klappt einfach gar nichts.
14. Kaum waren wir im Wald, kamen **mehrere** Jäger auf uns zu.
15. Keine Sorge, **irgendjemand** wird schon noch kommen.

8 Relativpronomen

1

2. Wer dem Häuptling eine Adlerfeder bringt, der wird von ihm zum Krieger ernannt werden.
3. Der Marterpfahl, der dort geschnitzt wird, gehört dem Häuptling.
4. Der Sohn hatte alles, was sich ein Häuptling von einem Sohn erhofft.

2

2. Indianerjungen, **die/welche** fünf bis sechs Jahre alt sind, haben bereits ihr eigenes Pferd.
3. Ein Indianermädchen, **das/welches** in diesem Alter war, musste der Mutter beim Brennholz- und Nahrungssammeln helfen.
4. Mit Hilfe von Rauchzeichen, **deren** Entschlüsselung nicht ganz einfach ist, konnte man sich über weite Entfernung verständigen.
5. Wenn Heilpflanzen Krankheiten nicht heilen konnten, rief man den Medizinmann, **dem/ welchem** der ganze Stamm volles Vertrauen schenkte.
6. Die Indianer verehrten alte Menschen, **denen/welchen** man aufgrund ihrer Lebenserfahrung im Ältestenrat wichtige Entscheidungen überließ.

3

2. **Was** der Häuptling befiehlt, **das** wird von allen befolgt.
3. **Was** auf dem täglichen Speiseplan steht, **das** bestimmt die Natur.
4. **Wer** in Not geraten ist, **der** gibt Rauchsignale.

TIPP

Das Relativpronomen *das* wird zum Beispiel in Diktaten häufig mit der Konjunktion *dass* verwechselt. Du kannst diesen Fehler leicht vermeiden: Immer, wenn du *das* durch *ein, dies, dieses, jenes* oder *welches* ersetzen kannst, handelt es sich um das Relativpronomen, und du schreibst es mit einfachem *s*. Wenn die Ersetzung nicht klappt, handelt es sich um die Konjunktion *dass*, die du immer mit *ss* schreibst.

9 Reflexivpronomen

1 Pascal, sie freuen **sich** darüber, dass du **dich** freust.

2
2. Wir kaufen **uns** ein neues PC-Spiel.
3. Valentin und Florian ärgern **sich** maßlos über die vielen Hausaufgaben.
4. Ich bin **mir** ganz sicher.
5. Liebe Schülerinnen und Schüler, ihr habt **euch** die Pause verdient.
6. Tim hat sein Navigationssystem immer bei **sich**.
7. Marina denkt immer nur an **sich**.

3

	erV	urV
2. Im Gartenlabyrinth hast du **dich** verirrt.	X	
3. Der Lehrer: Achtet gut auf **euch**!		X
4. Ich erinnere **mich** nicht mehr daran.	X	
5. Du solltest **dir** keine Sorgen machen.		X
6. Wir sollten **uns** beeilen.	X	
7. Sie fürchten **sich** vor dem Gang nach Hause.	X	
8. Britta und Oliver adressieren den Brief an **sich**.		X
9. Über derlei Dinge ärgert sie **sich** gerne maßlos.	X	

TIPP

Hier helfen dir erneut die Satzgliedfragen: Frage nach dem Akkusativobjekt (*Wen oder was?*), Dativobjekt (*Wem?*), Genitivobjekt (*Wessen?*) oder nach einem Präpositionalobjekt (z. B. *Auf wen?*). Sollte das Reflexivpronomen keine Antwort darauf geben, handelt es sich um ein echtes reflexives Verb. Es gehört dann zum Prädikat und nimmt keine Satzgliedfunktion ein.

4 Ich gefalle **mir** am besten. (**Dativobjekt**)
Schallend lachen sie über **euch**. (**Präpositionalobjekt**)
Mit diesem Verhalten spottest du **deiner**. (**Genitivobjekt**)
Während der Wanderung habt ihr **euch** verletzt. (**Akkusativobjekt**)

Test 3

1

1. Indefinitpronomen	Unbestimmte Fürwörter / Unbestimmte Für- und Zahlwörter	einige, jemand
2. Relativpronomen	Bezügliches Fürwort	der, die, welche
3. Reflexivpronomen	Rückbezügliches Fürwort	mich, sich
4. Demonstrativpronomen	Hinweisendes Fürwort	dieses, jenes

Lösungen

2

☹ 1. Mit ~~Demonstrativpronomen~~ (richtig: Indefinitpronomen) kannst du eine begrenzte Menge oder ein begrenztes Maß unbestimmt ausdrücken.

✖ 2. Indefinitpronomen sind unbestimmte Fürwörter, mit denen du Lebewesen oder Dinge bezeichnen kannst, die du nicht genau bezeichnen willst oder kannst.

✖ 3. Demonstrativpronomen zeigen förmlich mit dem Zeigefinger auf das von ihnen Bezeichnete.

☹ 4. ~~Interrogativpronomen~~ (richtig: Demonstrativpronomen) können eine gewisse räumliche oder zeitliche Nähe bzw. Entfernung auszudrücken.

☹ 5. Genus und Numerus eines Demonstrativpronomens verändern sich ~~niemals~~. Falsch. Sie passen sich stets ihrem Bezugswort an.

☹ 6. Relativpronomen können sich auf Nomen oder Pronomen eines umgebenden Satzes beziehen, aber ~~niemals auf einen vollständigen Satz~~. Falsch. Sie können sich auch auf Sätze beziehen: Sie gewannen das Spiel, das hat sie sehr stolz gemacht.

✖ 7. *der, die, das* sind keine Relativpronomen, wenn man sie durch *dieser, diese, dieses* ersetzen kann. Richtig, denn dann sind es Demonstrativpronomen.

☹ 8. Das Reflexivpronomen bezieht sich immer auf das ~~Objekt~~ (richtig: Subjekt) des Satzes.

✖ 9. In Person und Numerus richten sich die Reflexivpronomen immer nach dem Subjekt.

3

1. Uwe und Florian ärgern **sich** darüber sehr.
2. Bei dem Sturz taten wir beide **uns** weh.
3. Darüber darfst du **dich** doch sehr freuen.

4

Lösungswort: Grammatikspaß

Satz	IP	RefP	RelP	DP
1. Dieses Traumtor werde ich in meinem ganzen Leben nicht vergessen.				G
2. Die Hausaufgaben machten zuweilen **einige** Mühe.	R			
3. Das wundert **mich** sehr.		A		
4. Es war **jener** Sommer, der uns jeden Tag ins Freibad lockte.				M
5. Es war jener Sommer, **der** uns jeden Tag ins Freibad lockte.			M	
6. Nomen schreibt man immer groß, **das** sollte euch mal jemand erklären.				A
7. Nomen schreibt man immer groß, merkt **euch** das endlich.		T		
8. Nomen schreibt man immer groß, das sollte euch mal **jemand** erklären.	I			
9. Der Lehrer war heute wieder sehr freundlich, **was** uns gefallen hat.			K	
10. Der Lehrer war heute wieder sehr freundlich, **das** hat uns gefallen.				S
11. Ich habe **niemanden** gesehen, der die Treppe herauf kam.	P			
12. Ich habe niemanden gesehen, **der** die Treppe herauf kam.			A	
13. Du bist **der**, der der Frau über die Straße half.				ß

5
1. Mein Hase, der sehr gerne kuschelt, hat ein schwarzweißes Fell.
2. Ich, der die zweitgrößte Sammlung der Schule hat, sammle Fußballklebebilder.
3. Ich spiele sehr gerne Monopoly, das eines der bekanntesten Spiele der Welt ist.
4. Meine Mitschüler, die mir ein Geburtstagslied singen, sind sehr nett.

10 Konjunktionen

1 Ich stellte erleichtert fest, **dass** die Pizza noch nicht verbrannt war. Es wäre auch zu blöd gewesen, **wenn** meine Geburtstagspartynacht so begonnen hätte! **Aber** so stand der guten Stimmung nichts im Wege. **Und** ich machte mich daran, die Pizza in Stücke zu schneiden.

2 Pizza „nebenordnende Konjunktion": sowie, aber, und, und, denn, oder.
Pizza „unterordnende Konjunktion": da, als, nachdem, ob, ob, dass, weil, damit, obwohl.

TIPP

Der Unterschied zwischen neben- und unterordnenden Konjunktionen wird in der Umgangssprache teilweise nicht angemessen berücksichtigt.
Das gilt z.B. für die nebenordnende Konjunktion *trotzdem*, die keinen Nebensatz einleiten kann (in einem entsprechenden Zusammenhang müsste die unterordnende Konjunktion *obwohl* stehen). Beispiel: Sie verloren, obwohl (nicht: trotzdem) sie sich sehr angestrengt hatten.
Besonders häufig wird in der Umgangssprache mit der unterordnenden Konjunktion *weil* ein Hauptsatz eingeleitet, was falsch ist (in diesem Falle müsste die nebenordnende Konjunktion *denn* stehen). Beispiel: Sie verloren, denn (nicht: weil) sie hatten sich nicht sehr angestrengt. (Oder mit Änderung der Satzstellung: Sie verloren, weil sie sich nicht sehr angestrengt hatten.)

3
1. Sie waren am nächsten Morgen sehr müde, **denn** sie hatten in der Nacht kaum geschlafen.
2. Sie waren am nächsten Morgen sehr müde, **weil** sie in der Nacht kaum geschlafen hatten.
3. Sie hatten in der Nacht kaum geschlafen, **sodass** sie am nächsten Morgen sehr müde waren.

11 Adverbien

1 Wenn du willst, bringe ich dich **gerne** zum Bahnhof (**Modaladverb**).
Und ich kann dich **übermorgen** abholen (**Temporaladverb**).

2 Adverbien: unten, deswegen, vielleicht, neulich, nur, nun, drüben, nie, nicht, ebenso, nachher, gerne, genauso.
Adjektive: einfach, häufig, wirklich, genau.
Präpositionen: oberhalb, über, wegen, nach, statt, aufgrund.

3 Lokaladverbien = blau | Temporaladverbien = grün
Kausaladverbien = rot | Modaladverbien = gelb

Nur eine Minute trennt Maras Mannschaft vom Turniersieg. Dann können sie jubelnd ihre Hockeyschläger in die Luft strecken. Oh nein, bloß das nicht! Mara hat den Ball unglücklich an den Fuß bekommen. Deshalb gibt es jetzt von links eine Strafecke für die Gegner. Maras Mannschaft hat auf der Torauslinie Aufstellung genommen. Alle schauen äußerst konzentriert nach vorne. Sie wollen so kurz vor Schluss den Sieg festhalten. Da wird die Ecke hereingegeben, gestoppt, eine Gegnerin holt sehr weit aus, verliert daher etwas Zeit – und eine Mitspielerin Maras kann den Schuss abblocken. Mara ist ziemlich erleichtert. In diesem Moment pfeift die Schiedsrichterin ab, Mara hätte es fast nicht mitbekommen. Nun wird sie aber von ihren jubelnden Mitspielerinnen mitgerissen. Sie laufen zum Mittelkreis. Dort soll sofort nach Spielschluss die Siegerehrung stattfinden.

4 Dieses Jahr haben wir ziemlich oft gewonnen. Nach diesem Turnier waren wir aber sehr müde. Nur deswegen dauerte die Siegesfeier nicht lange. Die Heimfahrt verlief recht ruhig. Trotzdem war dieser Turniersieg besonders schön, vielleicht weil es so knapp war. Als wir zu Hause ankamen, war es fast schon Mitternacht.

Adverb + Adjektiv: nicht lange, recht ruhig, besonders schön, so knapp
Adverb + Adverb: nur deswegen, fast schon

Test 4

1
1. hier (**Adverb**)
2. nach (**Präposition**)
3. vor (**Präposition**)
4. oben (**Adverb**)
5. hinter (**Präposition**)
6. oberhalb (**Präposition**)
7. hinten (**Adverb**)
8. drüben (**Adverb**)
9. neben (**Präposition**)
10. rückwärts (**Adverb**)

2 denn, solange, aber, weil, seit, beziehungsweise, indem, dass, obwohl, sondern, sodass, damit, sowie, oder, und.

3
3. ✕ ● Partikeln können nicht gesteigert werden.
4. ✕ ● *Trotzdem* ist eine nebenordnende Konjunktion.
9. ✕ ● *Sehr*, *kaum* und *nicht* sind modale Adverbien.

(4) Ritter Rudi ritt müde und erschöpft durch die Landschaft. Obgleich er dem Einschlafen nahe war, wollte er noch heute seine Burg erreichen. Aber er war noch immer in einer ihm unbekannten Gegend, sodass er an mancher Weggabelung nicht recht wusste, ob er sich nach rechts oder links wenden sollte.
Da näherte sich ihm von vorne im Gegenlicht der bereits tiefstehenden Sonne eine mächtige Gestalt und Ritter Rudi verlangsamte das sowieso schon schleppende Tempo. Da er sein Gegenüber nicht genau erkennen konnte, kniff er seine Augen zusammen. Das half auch nicht.
Dass er beim Turnier seine Lanze eingebüßt hatte, war jetzt ein noch schmerzlicherer Verlust. Sein Helm sowie sein Brustpanzer waren verbeult, das Schwert war kaum aus der verrosteten Scheide zu ziehen: Im Ganzen machte Ritter Rudi nicht nur einen erschöpften, sondern auch jämmerlichen Eindruck. Die mächtige Gestalt wurde immer größer und bedrohlicher.
So ließ er sich von seinem Gaul der Gefahr entgegentragen, denn zum Umdrehen und Davonreiten fehlte ihm die Energie. Damit er wenigstens nicht alles einfach so über sich ergehen ließ, gab sich Ritter Rudi einen Ruck, ruckelte das Schwert aus der Scheide und ritt einigermaßen stürmisch auf das ungeheuere Ungetüm los, indem er das Schwert, soweit seine Kraft noch ausreichte, immer wieder halbwegs wütend in die Luft stieß.
Als er dann freilich auf Widerstand traf, spürte er nur noch einen gewaltigen Hieb, sodass er wie ein Sack zu Boden fiel.
Beim Aufwachen im Morgengrauen musste er feststellen, dass sein Helm eine weitere Beule hatte: Sein wilder Ritt hatte an einem „ungeheuer" dicken Baumstamm sein jähes Ende gefunden.

TIPP

Manchmal sind Adverbien nicht ganz leicht als solche zu erkennen. Wenn du festgestellt hast, dass ein Wort nicht flektiert (also weder konjugiert noch dekliniert noch gesteigert) werden kann, also zu den Partikeln gehört, kannst du zur Bestimmung der Wortart auch nach dem Ausschlussverfahren vorgehen. Denn Präpositionen und Konjunktionen (die beiden anderen Partikeln) sind durch ihre Funktionen häufig leichter zu erkennen.
Beispiel: Sie kommt *nicht*. Du stellst fest, dass das Wort nicht nicht zu flektieren ist. Eine Präposition kann es nicht sein, sonst müssten ihm ein Nomen oder ein Personalpronomen folgen. Eine Konjunktion kann es nicht sein, weil sonst mit ihm zwei Wörter, Wortgruppen oder Sätze verbunden sein müssten. Also ist *nicht* ein Adverb.

Lösungen

12 Subjekt, Prädikat, Objekte (Wiederholung)

1 Subjekt

2 **Paul** steigt aus dem Zeitreisen-Zug. **Er** blickt sich erstaunt um. **Die Menschen** sind lustig gekleidet, ganz anders als die Leute bei ihm zu Hause. **Paul** betritt das Forum Romanum; **ein Mann** betrachtet ihn misstrauisch. Soll **er** weitergehen oder lieber schnell wieder in den Zeitreisen-Zug steigen und zurückfahren?

3 Prädikate, Objekte
Paul erblickte den Turm mitten in der Burg, den Bergfried. Dorthin flüchteten die Ritter, wenn die Feinde in die Burg eindrangen. Im Bergfried lagerten Vorräte und vieles andere, was die Ritter zum Überleben brauchten.

4
1. **Über das frühe Aufstehen** stöhnt Paul im mittelalterlichen Kloster. (**Präpositionalobjekt**)
2. **Den Rednern** hört er im antiken Athen fasziniert zu. (**Dativobjekt**)
3. **Die Ritterturniere** verfolgt er mit Spannung. (**Akkusativobjekt**)
4. **Der Anstrengungen** ist Paul bei Hannibals Alpenüberquerung mit den Elefanten bald überdrüssig. (**Genitivobjekt**)
5. **Die Ruhe** genießt er daraufhin in den römischen Thermen. (**Akkusativobjekt**)

5 Subjekte, Objekte
Im antiken Rom steigt Paul wieder in den Zeitreise-Zug. Dieser soll ihn zurück in die Gegenwart bringen. Allerdings schläft Paul auf der Fahrt ein. Beim Aufwachen blinzelt er und schaut müde aus dem Fenster. Da stehen eigenartige Häuser; sie scheinen aus Plastik zu bestehen. Menschen gibt es anscheinend keine; oder sie treiben sich zumindest nicht draußen herum. Am Himmel hängen Leuchtstoffröhren – am Himmel? Diese Stadt ist überdacht! Paul reibt sich die Augen. Wo ist er gelandet? Träumt er noch? Da wird es ihm klar: Er ist nicht rechtzeitig ausgestiegen. Die Gegenwart ist schon vorbei und er ist in die Zukunft geraten. Schnell steigt er aus. Er will unbedingt den nächsten Zug zurück erreichen.

13 Prädikativ (Prädikatsnomen)

1 Du bist *ein Buch.*

2 Nominativ

3 sein, bleiben, werden, gelten (als), sein, sich erweisen (als)

4

Prädikative mit einem Adjektiv im Kern:	dunkel, ohrenbetäubend laut, dunkel, fast unüberwindlich, ziemlich laut, einfach toll.
Prädikative mit einem Nomen im Kern:	der Torhüter der Heimmannschaft, der Star der Mannschaft, (als) Favorit.

5

	Subjekt	Prädikativ
1. Jeder ist seines Glückes Schmied.	**jeder**	**seines Glückes Schmied**
2. Blaukraut bleibt Blaukraut,	**Blaukraut**	**Blaukraut**
und Brautkleid bleibt Brautkleid.	**Brautkleid**	**Brautkleid**
3. Niemand ist vollkommen.	**niemand**	**vollkommen**

Test 5

1

1. Prädikativ – (Akkusativ) – Subjekt – Dativobjekt
   Begründung: c) einzige Kasusbezeichnung unter Satzgliedern.
2. Präposition – Artikel – Nomen – (Präpositionalobjekt)
   Begründung: b) einziges Satzglied unter Wortartbezeichnungen.

2

1. Fliegen (1): Subjekt
   fliegen (2): Prädikat
   Fliegen (3): Subjekt
   Fliegen (4): Dativobjekt
2. Fischers Fritz (1): Subjekt
   fischt (2): Prädikat
   frische Fische (3): Akkusativobjekt

3

Aussage	**richtig**	**falsch**
1. Im Aussagesatz steht das Subjekt immer vor dem Prädikat.		✗
2. Das Prädikativ ist ein Objekt im Nominativ.		✗
3. Ein Personalpronomen kann allein ein Satzglied bilden.	✗	
4. Auf das Verb *gedenken* folgt ein Dativobjekt.		✗
5. Das Verb *bleiben* kann ein Prädikativ nach sich ziehen.	✗	

4

1. **Über das Geschenk** hat sie sich sehr gefreut.
   Art des Objekts: Präpositionalobjekt.
   Wortarten: Präposition, bestimmter Artikel, Nomen.
2. Sie dankte **ihm** sehr dafür.
   Art des Objekts: Dativobjekt.
   Wortarten: Personalpronomen.
3. **Das Spiel** hatte sie sich schon lange gewünscht.
   Art des Objekts: Akkusativobjekt.
   Wortarten: Bestimmter Artikel, Nomen.
4. Sie hatte häufig **von diesem Spiel** gehört.
   Art des Objekts: Präpositionalobjekt.
   Wortarten: Präposition, Demonstrativpronomen, Nomen.

(5) 1. Ziemlich nervös (**Prädikativ**) ist (**Prädikat**) Marco (**Subjekt**).
2. Zu seiner ersten Party mit Übernachtung (**Präpositionalobjekt**) hat (**Prädikat ...**) er (**Subjekt**) viele Freunde (**Akkusativobjekt**) eingeladen (**... Prädikat**).
Oder: Viele Freunde (**Akkusativobjekt**) hat (**Prädikat ...**) er (**Subjekt**) zu seiner ersten Party (**Präpositionalobjekt**) eingeladen (**... Prädikat**).
3. Ein Geschenk (**Akkusativobjekt**) werden (**Prädikat ...**) ihm (**Dativobjekt**) die meisten (**Subjekt**) mitbringen (**... Prädikat**).

14 Adverbialien (Bildung)

(1)

2. **Wann** wurde um Jericho gekämpft?	Immer.
3. **Wie** musste Jimmy Angel auf seine Bergung warten?	Geduldig.
4. **Warum** können im Toten Meer keine Fische leben?	Wegen des hohen Salzgehalts.
5. **Wie** kann ein Gepard nur eine Minute lang laufen?	So schnell.

(2) 2. immer: Adverb 3. geduldig: Adjektiv

(3) 1. **Wo** mündet er?
2. **Wann** haben die Spanier ihn entdeckt?
3. **Warum/wieso** ist der Amazonas an der Mündung in den Atlantik ganz gelb?
4. **Wo** liegt seine Mündung?

(4)

	P.A.	Adv.	Adj.
1. Es leben **heute** ungefähr 6,5 Milliarden Menschen auf der Erde.		X	
2. Die meisten Kinder leben **in Afrika**.	X		
3. Die Weltbevölkerung wächst **rasant**.			X
4. **Im Jahr** 2050 werden es über 9 Milliarden Menschen sein.		X	
5. **Zur Beschränkung des Bevölkerungswachstums** wurde in China ein Gesetz erlassen, wonach jede Familie nur ein Kind haben darf.	X		
6. **Aus vielen Teilen der Welt** sind Menschen in die USA eingewandert.	X		
7. Die Mongolei hat im Verhältnis zu ihrer Fläche nur wenige Einwohner, sie ist also **dünn** besiedelt.			X

15 Lokale Adverbialien

(1) In diesem Moment drückt Daniel **auf den Auslöser** – das erste Bild ist **im Kasten**. Als er jedoch die Aufnahme **im Display** kontrolliert, muss er feststellen, dass das Handy-Päckchen gar nicht drauf ist.

(2) Präpositionaler Ausdruck: bei Mona zu Hause, in die Schule, auf dem Pausenhof, aufs Sofa, auf dem Tisch, in ihrem Gesicht, auf den Auslöser, im Kasten, im Display.
Adverb: daneben, dahinter, drum herum.

3 2. a) Ihr Bruder steht **daneben** und wartet, bis sie für den gemeinsamen Schulweg bereit ist.
b) **Daneben** steht ihr Bruder und wartet, bis sie für den gemeinsamen Schulweg bereit ist.
3. a) Das dritte Bild zeigt Lisa, wie sie **auf dem Schulhof** Mona ihr neues Handy zeigt.
b) Das dritte Bild zeigt Lisa, wie sie Mona **auf dem Schulhof** ihr neues Handy zeigt.
4. a) Tim ist **hinter den beiden** zu sehen; er betrachtet sie neugierig.
b) **Hinter den beiden** ist Tim zu sehen; er betrachtet sie neugierig.

4 1. Zu Hause (bemerkt) (Lisa) (den Verlust.)
2. (Sie) (sucht) überall (nach ihrem neuen Handy.)
3. Nirgends (findet) (sie) (es.)
4. (Nach kurzem Überlegen) (ist) (ihr klar:) (Es) (muss) (ihr) in der Schule (gestohlen worden sein.)
5. Dorthin (zurückgekehrt,) (trifft) (sie) (den Hausmeister,) (der) (ihr) (das Handy) (entgegenstreckt:) (der Finder) (muss) (es) bei ihm (abgegeben haben.)

5 1. Das letzte Bild (**Subjekt**) zeigt (**Prädikat**) Lisa (**Akkusativobjekt**) auf einer Parkbank (**lokales Adverbiale**).
2. In der Hand (**lokales Adverbiale**) hält (**Prädikat**) sie (**Subjekt**) ihr Handy (**Akkusativobjekt**).

16 Kausale Adverbialien

1 8. **Weshalb** würde sie die Freundschaft aufs Spiel setzen?
9. **Weswegen** ist es so?
11. **Wieso/weswegen/warum** könnten sie ihr mehr Lernzeit aufgebrummt haben?

2 **Simone:** Das kann doch nicht wahr sein, dass die großen Firmen nur aus lauter Profitgier nicht bereit sind, sich am Klimaschutz zu beteiligen – genauso wie so große Staaten wie China und die USA.

Mark: Die sagen halt, dass das wegen der Gefährdung der Arbeitsplätze nicht geht.

Isabel: Das ist doch bestimmt nicht der einzige Grund. Alleine deshalb würden die sich nicht so auf die Hinterbeine stellen.

Mark: Auf jeden Fall ist es doch echt bedrohlich, wenn man sich vorstellt, dass wegen der Erwärmung des Klimas der Meeresspiegel um mehr als einen halben Meter steigen könnte. Wie ist da eigentlich der Zusammenhang?

Simone: Ich glaube, das liegt am Schmelzen der Gletscher. Daher nimmt die Wassermenge auf der Erde zu.

Isabel: Außerdem dehnt sich das Wasser aufgrund seiner Erwärmung aus, wenn ich das recht verstanden habe.

Mark: Hoffentlich fällt uns Menschen rechtzeitig was ein, um diese Entwicklung zu stoppen.

3 Umrahmt werden müssen: daher, deshalb, deswegen.

4 ... ich **wegen einer anderen Einladung** nicht zu deiner Geburtstagsparty kommen.

17 Temporale Adverbialien

1 Die Zeit

2 Vers 1: präpositionaler Ausdruck Vers 3: präpositionaler Ausdruck Vers 5: Adverb

4 Als Rotkäppchen neulich durch den Wald joggte, wurde sie von einem ziemlich kleinen Typ aufgehalten: „ Hallo! Bleib doch einen kurzen Augenblick stehen." „Wer bist du? Ich muss weiter. In zehn Minuten erwartet mich meine Großmutter," entgegnete Rotkäppchen. Aber der Kleine ließ sich nicht beirren. „Ich bin Asterix und möchte dir dringend raten, mir zuerst zuzuhören." „Dann schieß los!", drängte Rotkäppchen, „mach's nicht so spannend!" „Ich kenne deine Geschichte und weiß, was dir nachher passieren wird." „So ein Quatsch!" Rotkäppchen wollte sich schon abwenden, aber der Zwerg packte sie im gleichen Moment recht kräftig am Arm, so kräftig, dass sie nicht mehr loskam. „Es wird dir und deiner Großmutter übel mitgespielt werden. Nimm jetzt einen Schluck von meinem Zaubertrank. Das wird dir später helfen, wenn der Wolf Ärger macht." „Erzähl doch keine Märchen!" Rotkäppchen machte sich los und ließ Asterix achselzuckend zurück.

Kurze Zeit darauf kam ihr ein Jogger entgegen, der so aussah, als würde er seine Tage im Fitnessstudio verbringen. Als er kurz vor ihr war, hielt er an: „Sei gegrüßt, Rotkäppchen. Geh nicht weiter. Ich weiß, dass dir Übles widerfahren wird ..." „Ja, ja, blabla, du kennst wohl auch schon meine Geschichte. Sind denn heute nur Spinner unterwegs? Wer bist du überhaupt?" „Ich bin Siegfried und möchte dir mit größtem Nachdruck einen Rat geben. Wenn du auf die Lichtung zukommst und kurz davor nach links abbiegst, wirst du einen erlegten Drachen sehen. Bade in seinem Blut und ..." „Jetzt reicht's mir aber. Behalt deine bescheuerten Ratschläge für dich," versetzte Rotkäppchen und ließ auch Siegfried stehen. „Aber deine eigenartige Kopfbedeckung ist doch auch keine Tarnkappe ..." Doch da war Rotkäppchen bereits außer Hörweite. Selbstbewusst setzte sie ihren Weg fort.

Und wenn sie damals nicht gestorben ist, dann hat sie sich durch die beiden Kraftpakete zu Recht nicht aus der Ruhe bringen lassen.

5
1. Odysseus war **zehn Jahre lang** auf dem Weg nach Hause.
2. Hannibal überquerte **im Jahr 218.v.Chr.** die Alpen mit den Elefanten.
3. Siegfried war **nach dem Bad im Drachenblut** beinahe unverwundbar.

Test 6

1

	temporales A.	lokales A.	kausales A.
1. Der Stürmer schießt den Ball **über das Tor.**	●	X	●
2. Vielleicht trifft er **heute wegen des Nebels** so schlecht.	X	●	X
3. **Jetzt** muss er **auf die Ersatzbank.**	X	X	●
4. **Dort** wird er den Rest der Spielzeit absitzen.	●	X	●
5. **Darum** macht er wohl ein wenig begeistertes Gesicht.	●	●	X
6. Der Grund für seine Auswechslung ist ihm nicht so recht klar.	●	●	●

2

Pauline und Eva saßen seit Stunden in der Höhle. Aufgrund des Unwetters wagten sie nicht, ihren Unterschlupf zu verlassen. Sie hatten sich von dem Zeltlager nur kurz entfernen wollen, weil sie etwas Wichtiges miteinander zu besprechen hatten. Freilich wollten sie deshalb nicht mehrere Stunden lang fortbleiben. Aber das Unwetter war überfallartig gekommen. Völlig durchnässt hatten sie sich gerade noch in die Höhle retten können. Dort saßen sie nun eng aneinandergelehnt, um sich wenigstens gegenseitig etwas wärmen zu können. Seit einiger Zeit hatten sie fast nichts mehr geredet. Sie warteten nur darauf, dass sie die Höhle verlassen könnten. Wegen eines Gerüchtes, das über Eva verbreitet worden war, hatte ihre Freundschaft einen leichten Knacks bekommen. Inzwischen hatten sie lange genug Zeit gehabt, die Missverständnisse auszuräumen, und waren sich buchstäblich wieder näher gekommen. Endlich schien der Regen etwas nachzulassen. Pauline und Eva gingen in ihren immer noch feuchten Klamotten vorsichtig aus der Höhle hinaus und machten sich auf den Heimweg.
Was würden die Leiter des Zeltlagers bei ihrer späten Rückkehr sagen? Würden sie deswegen Ärger bekommen?
So gingen sie schweigend und in Gedanken versunken auf das Zeltlager zu.

3

	richtig	falsch
1. Eine *adverbiale Bestimmung* ist kein Satzglied; der Begriff *Adverbiale* bezeichnet eine Wortart.	●	X
2. Adverbialien enthalten immer ein Adverb.	●	X
3. Die Präposition *aus* kann ein kausales Adverbiale einleiten.	X	●
4. Das lokale Adverbiale gibt Antwort auf die Frage nach dem Ort eines Geschehens.	X	●
5. Die Frage *woher?* hat zur Antwort ein kausales Adverbiale.	●	X
6. Ein temporales Adverbiale kann die Antwort auf die Frage *wie lange?* sein.	X	●

4

1. Niemand sah den Verdächtigen **zur Tatzeit (temporales Adverbiale) am Tatort** (**lokales Adverbiale**).
2. **Daher** (**kausales Adverbiale**) verhaftet die Polizei ihn **im Moment** (**temporales Adverbiale**) nicht.
3. **Nachher** (**temporales Adverbiale**) veranstaltet die Polizei **am Tatort** (**lokales Adverbiale**) einen Lokaltermin.
4. **Inzwischen** (**temporales Adverbiale**) gibt es **wegen der starken Regenfälle** (**kausales Adverbiale**) keine brauchbaren Spuren mehr.

5

1. Präpositionaler Ausdruck 2. Adverb 3. Adjektiv

18 Modale Adverbialien

1

1. Der Clown 2. Der Messerwerfer

2

Wollen Sie mit feuchten Händen den Akrobaten zuschauen?
Wollen Sie sich bestens amüsieren?

3

2. **Völlig entspannt** scheint er auf dem Nagelbrett zu liegen.
   Wie scheint er auf dem Nagelbrett zu liegen?
3. Die brennenden Fackeln wirft er **in hohem Bogen** seinem Partner zu.
   Wie wirft er die brennenden Fackeln seinem Partner zu?
4. Dieser fängt die Fackeln **geschickt** auf.
   Wie fängt dieser die Fackeln auf?
5. **Voller Spannung** erwartet das Publikum das nächste Kunststück.
   Wie erwartet das Publikum das nächste Kunststück?

4

2. Die Partnerin des Messerwerfers steht **ohne Anzeichen von Angst** vor der Bretterwand.
   Präposition, Nomen, Präposition, Nomen
3. Nach der Löwennummer applaudiert das Publikum **begeistert. Verb (Partizip Perfekt wie ein Adjektiv gebraucht)**
4. Der Zirkusdirektor lächelt **zufrieden** ins Publikum. **Adjektiv**
5. Der Zirkusbesuch hat sich **sehr** gelohnt. **Adverb**
6. Die zwei Stunden sind **unglaublich schnell** vergangen. **Adjektiv, Adjektiv**

TIPP

Adjektive können nur modale Adverbialien bilden. Sie stehen dann in ihrer Grundform, sind also weder dekliniert noch gesteigert. Zudem beziehen sie sich nicht auf ein Nomen (stehen also auch nicht zwischen einem Nomen und seinem Begleiter).

19 Instrumentale Adverbialien

1 mit Geräuschen und Musik

2
1. Es wird berichtet, dass der Fall Trojas in knapp drei Stunden durch Feuerzeichen bis nach Mykene in Griechenland gemeldet wurde (das sind etwa 450 Kilometer!).
2. Die Perser konnten durch ein Rauchzeichenalphabet Nachrichten übermitteln. Dazu erzeugten sie mit Hilfe von feuchten Decken in bestimmten Abständen aufsteigende Rauchschwaden. Freilich war dadurch das Problem der Nachrichtenübermittlung in der Nacht nicht gelöst.
3. Zwei Ingenieure in Diensten Alexanders des Großen entwickelten eine recht funktionsfähige Fackeltelegrafie. Sie arbeiteten mit zwei fünfzinnigen Mauern. Sie konnten damit 25 Buchstaben darstellen: Sie hatten diese in einem Quadrat notiert; die linke Fackel gab die Zeile, die rechte die Spalte der Stelle im Buchstabenquadrat an. Jeder der 25 Buchstaben war dadurch eindeutig zu bezeichnen.
4. Diese Formen der optischen Nachrichtenübertragung wurden später von anderen Methoden abgelöst.

3
2. **Mit ihren neuen Schlittschuhen** (**instrumentales Adverbiale**) läuft sie noch nicht ganz so sicher wie sonst.
3. Dennoch betritt sie **durch die Lücke in der Bande** (**lokales Adverbiale**) mutig das Eis.
4. Zunächst lässt sie sich **von der Hektik auf der Eisbahn** (**Präpositionalobjekt**) etwas aus der Ruhe bringen.
5. Nach den ersten vorsichtigen Metern dreht sie **mit großer Begeisterung** (**modales Adverbiale**) ihre Runden.
6. Nach dem Eislaufen erzählt sie zufrieden **von den neuen Schlittschuhen** (**Präpositionalobjekt**).

20 Finale Adverbialien

1 Was soll ich bloß **zur Anhebung meines Notendurchschnitts** tun?

2
1. **Zum Zweck des Konditionstrainings** geht Marie zweimal pro Woche joggen.
2. **Zwecks Verbesserung seiner Technik** benützt Marco oft das Fußballpendel.
3. **Für ihre Sportabzeichenprüfung** trainiert Anne im Schwimmbad das Tauchen.
4. **Zum Einstudieren ihres Tanzes** wollen sich die Schülerinnen bis zum Schulfest jeden zweiten Tag treffen.
5. **Um des lieben Friedens willen** haben sich die Jungs bereit erklärt mitzumachen.

3
2. **Für die Besichtigung des Kolosseums** reist Tina nach Rom.
3. **Zur Vorbereitung auf die zweiwöchige Fahrradtour** trainiert Tim hart.
4. Karla und Anna wollen **um der Schonung der Umwelt willen** mit dem Zug verreisen.

21 Adverbialien unterscheiden

1 Oder soll ich **wegen des Tests** (**kausal**) **zuerst** (**temporal**) **fürs gemeinsame Üben** (**final**) meine Freunde **zu mir** (**lokal**) einladen, um **dadurch** (**instrumental**) **besser** (**modal**) vorbereitet zu sein?

2

1. Paul liest **vergnügt** in seinem Buch. (**modal**)
2. Paul liest **gerade** in seinem Buch. (**temporal**)
3. Paul liest **mit einem Schmunzeln auf den Lippen** in seinem Buch. (**modal**)
4. Paul liest **auf der Terrasse** in seinem Buch. (**lokal**)

1. Lisa hat **wegen des Baustellenlärms auf der Straße** die Musik laut aufgedreht. (**kausa***l*)
2. Lisa hat **vorhin** die Musik laut aufgedreht. (**temporal**)
3. Lisa hat **zum Tanzen** die Musik laut aufgedreht. (**final**)
4. Lisa hat **in ihrem Zimmer** die Musik laut aufgedreht. (**lokal**)

1. **Zum dritten Mal** repariert Nico sein Fahrrad. (**temporal**)
2. **Voller Ungeduld** repariert Nico sein Fahrrad. (**modal**)
3. **Mit seinem neuem Werkzeugkasten** repariert Nico sein Fahrrad. (**instrumental**)
4. **Aufgrund des Fahrradausfluges morgen** repariert Nico sein Fahrrad. (**kausal**)

TIPP

Vielleicht findest du es manchmal schwierig, Präpositionalobjekte von Adverbialien, die durch einen präpositionalen Ausdruck gebildet sind, zu unterscheiden. Überprüfe dann genau, ob durch ein Satzglied, das durch eine Präposition eingeleitet wird, eine der Funktionen der verschiedenen Adverbialien erfüllt wird oder nicht (wenn nicht, handelt es sich um ein Präpositionalobjekt). Beispiel:
Er spielt *mit großer Freude*. (Art und Weise wird angegeben – also modales Adverbiale.)
Er spielt *mit seinem Hund*. (Weder Grund, Art und Weise, Ort, Zeit, Zweck noch Mittel werden dadurch angegeben – also Präpositionalobjekt.)

Test 7

1 Zusammengehörende Bestimmungen:
- kausal – Grund – Ursache – warum – weshalb
- Zweck – final – wozu
- Mittel – womit – wodurch – instrumental
- seit wann – temporal – wie lange – wann – Zeit
- Ort – woher – lokal – wohin
- modal – wie – Art und Weise – auf welche Weise

2 1. modal 2. temporal 3. lokal 4. kausal 5. instrumental 6. final 7. modal 8. kausal

3 1. **Wegen des spannenden Films** waren sie nachmittags extra in der Schule geblieben. (Kausales Adverbiale)
2. Die Verdächtigen wurden **durch ständige Beobachtung** überführt. (Instrumentales Adverbiale)
3. **Vor ihrer Verhaftung** ließ man sie zum Versteck des Diebesgutes gehen. (Temporales Adverbiale)
4. **Zur Sicherstellung der gestohlenen Ware** wurde so verfahren. (Finales Adverbiale)

4

	richtig	falsch
1. Mit der Präposition *durch* kann ein lokales Adverbiale eingeleitet werden.	X	
2. Adverbiale und Adverb sind zwei Begriffe für die gleiche Sache.		X
3. Das Adverb *deswegen* kann ein finales Adverbiale bilden.		X
4. Adverbialien können an verschiedenen Stellen des Satzes stehen.	X	
5. Die Frage *wozu?* zielt auf das modale Adverbiale.		X
6. Modale Adverbialien können durch Adjektive gebildet werden.	X	

22 Adjektivattribut

1 Ich mag **die grünen Trikots nicht.** (Akkusativobjekt)
Der **große Stürmer trifft das Tor ja nie.** (Subjekt)

2 Ich mag <u>die grünen Trikots</u> nicht.

<u>Der große Stürmer</u> trifft das Tor ja nie.

3 Anna: Anna Huber.
Lisa: Hallo Anna, hier spricht Lisa. Hast du heute Nachmittag Zeit? Wollen wir irgendeinen **spannenden** Film anschauen?
Anna: Zeit habe ich schon, aber irgendwie keine **große** Lust auf Kino.
Lisa: Hast du eine **bessere** Idee?
Anna: Wir könnten vielleicht in die **neue** Eisdiele gehen.
Lisa: O.k., ich hole dich nachher ab. Bis dann.
Anna: Ich warte an unserem **kleinen** Gartentor. Tschüss.

4 1. Satzglied: <u>das grüne Eis</u>; Bestimmung: **Subjekt.**
2. Satzglied: <u>dem kleinen Jungen</u>; Bestimmung: **Dativobjekt.**
3. Satzglied: <u>einen großen Eisbecher</u>; Bestimmung: **Akkusativobjekt.**

23 Genitivattribut

1 (1) der Ferien (2) seines Fahrrades (3) seiner Freunde (4) seines Bruders (5) eines Autos (6) ihres Nachbarn (7) seines Sweatshirts (8) des Mountainbikes

2 Sie stehen im **Genitiv.**

3
1. Der Jongleur betritt die Manege **des Zirkus.**
2. Der Beifall **der Zuschauer** ermuntert ihn.
3. Er nimmt die Mützen **der drei Clowns** und fängt an, mit ihnen zu jonglieren.
4. Die Clowns tun so, als seien sie über das Lachen **des Publikums** empört.
5. Schließlich treffen die Mützen wieder nacheinander die Köpfe **der ursprünglichen Besitzer.** Der Jongleur verneigt sich.

4
1. Die Peitsche des Dompteurs knallt laut.
   Satzglied: Die Peitsche des Dompteurs
   Bestimmung: Subjekt
2. Die Kinder sind von der Nummer des Messerwerfers begeistert.
   Satzglied: von der Nummer des Messerwerfers
   Bestimmung: Präpositionalobjekt

24 Präpositionalattribut

1 Der Weg **durch den Wald** kam ihnen kürzer und weniger gefährlich vor, als wenn sie der Straße **mit dem vielen Verkehr** folgten. So würden sie bald wieder an dem Haus ankommen, von dem sie vor zwei Stunden zur Schnitzeljagd aufgebrochen waren. Micha, Nina, Moritz und Lea waren sich sicher, wenigstens diesen Weg zu finden, nachdem sie sich offenbar an einer Kreuzung **mit mehreren falschen Spuren** verlaufen hatten. Wahrscheinlich machte sich ihre Lehrerin, mit der sie im Schullandheim waren, schon Sorgen **um sie.**
Also beeilten sie sich. An der ersten Weggabelung wählte Moritz den rechten Weg, und alle folgten ihm. Bald stießen sie erneut auf eine unbekannte Kreuzung. Welchen der drei Wege sollten sie nehmen? Lea schlug vor: „Ich bin für den Weg **in der Mitte**. Was meint ihr?“ Da niemand einen besseren Vorschlag hatte, schlossen sie sich Leas an. Je weiter sie allerdings liefen, desto unsicherer wurden sie ... Und schließlich, nachdem sie weitere Entscheidungen **über die einzuschlagende Richtung** getroffen hatten, mussten sie sich eingestehen, dass sie sich völlig verfranzt hatten. Inzwischen dämmerte es bereits stark, was ihre Orientierung weiter verschlechterte. Mussten sie sich auf eine Nacht **unter Bäumen** einrichten?
Da wurde Nina vom Strahl einer Taschenlampe getroffen. Sie blinzelte zuerst geblendet, konnte aber dann doch ihre Freundin Lisa erkennen. Der Rest der Klasse war offensichtlich ausgeschwärmt, die Vermissten zu suchen – da waren die vier dann doch ziemlich erleichtert.

2 Präposition

3
1. Satzglied: das Kleid mit den roten Punkten; Bestimmung: **Akkusativobjekt.**
2. Satzglied: mit dem Jungen aus dem Nachbarhaus; Bestimmung: **Präpositionalobjekt.**
3. Satzglied: die Tischtennisplatten im Pausenhof; Bestimmung: **Subjekt.**

4

	A	B	C
1. Erleichtert ließen sie sich **auf der Bank** nieder.			X
2. Das Herumirren **im Wald** hatte sie ziemlich mitgenommen.	X		
3. Nun konnten sie sich **über die glückliche Rückkehr** freuen.		X	
4. Sie hätten wohl doch nicht **im Wald** übernachten wollen.			X
5. Später würden sie bestimmt gerne von den Irrwegen **bei der Schnitzeljagd** erzählen.	X		

25 Adverbattribut

1 Adverb

2

1. Tina: Die Bergwanderung **morgen** wird bestimmt ziemlich anstrengend.
   Satzglied: die Bergwanderung morgen Bestimmung: Subjekt
2. Manuel: Hoffentlich können wir den Ausblick **oben** eine Zeitlang genießen.
   Satzglied: den Ausblick oben Bestimmung: Akkusativobjekt
3. Jan: Ich freue mich jetzt schon auf den Abstieg **danach**.
   Satzglied: auf den Abstieg danach Bestimmung: Präpositionalobjekt

3

Heute war auf der Schlittenbahn ganz schön was los. Als ich dort ankam, waren schon eine Menge Leute mit den unterschiedlichsten Fahrzeugen da. Ich nahm meinen Lenkbob und stellte mich eine Weile neben die Leute oben. Auf Schlitten und in Wannen, auf Plastiktüten und irgendwelchen Brettern rasten Kinder und Jugendliche ziemlich chaotisch hinunter. An der Bahn unten entdeckte ich meinen Freund Tim. Er hatte genau wie ich einen Lenkbob dabei und machte sich nun langsam wieder an den Aufstieg. Als er mich entdeckte, winkte er mir zu. Ich wartete auf ihn. Wir beschlossen, die nächste Fahrt hinunter nebeneinander zu machen. Wir hakten uns unter, und ab ging's: Ans Lenken war so kaum zu denken, und schließlich landeten wir im Tiefschnee und überschlugen uns dort. Als wir den Schnee abgeschüttelt hatten, fanden wir trotzdem, dass das eine Super-Fahrt gewesen war. Danach machten wir ein kleines Wettrennen. Das war auch lustig, aber die Fahrt davor hatte uns noch mehr Spaß gemacht, und wir wiederholten diese oft, obwohl wir dazu bestimmt keine Lenkbobs gebraucht hätten.

TIPP

Bei den nachgestellten Attributen macht es manchmal Schwierigkeiten, sie von ähnlichen Satzgliedern zu unterscheiden. Du musst also aufpassen, dass du das Präpositionalattribut vom Präpositionalobjekt, das Genitivattribut vom Genitivobjekt und das Adverbattribut von einem entsprechenden Adverbialen unterscheidest. Dabei hilft dir die Umstellprobe.
Beispiel: *Sie kommen heute zu Besuch*. Mögliche Umstellung: *Heute kommen sie zu Besuch*. Damit bildet das Adverb *heute* ein eigenständiges Satzglied (temporales Adverbiale).
Auf ihren Besuch heute freue ich mich. Mögliche Umstellung: *Ich freue mich auf ihren Besuch heute*. (Die Umstellung *Heute freue ich mich auf ihren Besuch* ist nicht möglich, da sich die Zeitangabe heute dann auf das Freuen, nicht auf den Besuch wie im ursprünglichen Satz beziehen würde.) Damit ist das Adverb *heute* ein Attribut, das den Besuch näher bestimmt (also ein Adverbattribut). Es ist Teil des Präpositionalobjektes *auf ihren Besuch heute*.

26 Attribute unterscheiden

1

	Attribut	Art des Attributs
1.	großer	Adjektivattribut
2.	zuvor	**Adverbattribut**
3.	des Drachen	Genitivattribut
4.	**nach dem Gral**	Präpositionalattribut

2 Doch ich glaub', die Rittersleute hatten die Schnauze oft voll.

3

Präpositionalattribute:	mit der Baskenmütze, mit dem Band-Namen, mit dem Stirnband und den Schlagzeugstöcken.
Adjektivattribute:	rote, gelbes.
Adverbattribute:	daneben.
Genitivattribute:	der Schul-Band, unserer Gitarristin.

4 „Zurzeit proben wir ziemlich viel und studieren ein neues Programm ein (**Adjektivattribut**). Vor unserem Auftritt beim Schulfest haben wir auch schon ganz arg oft geprobt (**Präpositionalattribut**). Wir hatten nämlich gehört, dass der Vater eines Mitschülers in einem Tonstudio arbeitet (**Genitivattribut**) Nick meinte, dass das eine Chance wäre, vielleicht mal eine CD mit ein paar Liedern aufnehmen zu können (**Präpositionalattribut**). Na ja, das war wohl eher ein unrealistischer Wunschtraum (**Adjektivattribut**). Und so ist dann auch kein Kontakt mit diesem Vater zustande gekommen (**Präpositionalattribut**). Aber unser Auftritt war trotzdem klasse. Die Reaktionen des Publikums sind echt positiv gewesen (**Genitivattribut**). Und während der Proben seither haben wir viel konzentrierter geübt (**Adverbattribut**). Alle sind jetzt irgendwie noch motivierter."

Test 8

1 Bei unserem Freibadbesuch **gestern** (**Adverbattribut**) muss mir meine **nagelneue** (**Adjektivattribut**) Uhr geklaut worden sein. Ich bin mit meinen Freundinnen auf der Liegewiese **neben dem Schwimmbecken** (**Präpositionalattribut**) gewesen. Wir haben uns zunächst einmal gemütlich hingelegt und uns die **warmen** (**Adjektivattribut**) Sonnenstrahlen auf den Bauch scheinen lassen. Dann haben wir beschlossen, kurz ein bisschen schwimmen zu gehen. Nadja hat mich noch daran erinnert, dass ich die Uhr beim Schwimmen lieber abnehmen sollte. Also hab ich sie in das Seitenfach **meiner Tasche** (**Genitivattribut**) geschoben. Wir haben uns dann ein wenig abgekühlt, sind etwas geschwommen und haben uns dann noch ein bisschen an den Rand **des Beckens** (**Genitivattribut**) gehängt. Meiner Meinung nach haben wir die Stelle **mit unseren Sachen** (**Präpositionalattribut**) fast immer im Blick gehabt. Trotzdem ist das Geschenk **meiner Patentante** (**Genitivattribut**) jetzt weg – so ein Mist!

(2)
1. Das Champions-League-Spiel gestern fand ich spannend. (B, Prädikativ)
2. Bei so einem tollen Spiel sollte keiner als Sieger vom Platz gehen. (A, Adjektivattribut)
3. Aber der schlechte Kommentator hat genervt. (A, Adjektivattribut)
4. Schon, aber mit der Zeit wurde er etwas besser. (B, Pädikativ)
5. Findest du, dass der auch nur eine wichtige Information gebracht hat? (A, Adjektivattribut)
6. Immerhin hat er häufig den Mund gehalten. (C, Adverbiales)

(3)
2. Attribut: *des Unterstufenchors*
   Art des Attributs: Genitivattribut
   Satzglied: *die Schüler des Unterstufenchors*
   Bestimmung: Subjekt
3. Attribut: *mit einigen Chorstücken*
   Art des Attributs: Präpositionalattribut
   Satzglied: *ein Musical mit einigen Chorstücken*
   Bestimmung: Akkusativobjekt
4. Attribut: *kleines*
   Art des Attributs: Adjektivattribut
   Satzglied: *ein kleines Konzert*
   Bestimmung: Akkusativobjekt
5. Attribut: *daraus*
   Art des Attributs: Adverbattribut
   Satzglied: *Auszüge daraus*
   Bestimmung: Akkusativobjekt
6. Attribut: *ihrer Schule*
   Art des Attributs: Genitivattribut
   Satzglied: *mit der Tanz-AG ihrer Schule und den Gesangssolisten*
   Bestimmung: Präpositionalobjekt
7. Attribut: *größerem*
   Art des Attributs: Adjektivattribut
   Satzglied: *mit größerem Elan*
   Bestimmung: Modales Adverbiale
8. Attribut: *des Musiksaals*
   Art des Attributs: Genitivattribut
   Satzglied: *die Tür des Musiksaales*
   Bestimmung: Subjekt
9. Attribut: *mit der Tanz-AG*
   Art des Attributs: Präpositionalattribut
   Satzglied: *die erste Probe mit der Tanz-AG*
   Bestimmung: Subjekt

(4)

	richtig	falsch
1. In Ausnahmefällen können Attribute auch allein ein Satzglied bilden.		X
2. Ein Satz kann nie mit einem Präpositionalattribut beginnen.	X	
3. Ein Attribut kann Teil eines Prädikativs sein.	X	
4. Ein Attribut kann Teil eines Prädikats sein.		X
5. Es gibt Attribute als Teile von Attributen.	X	

Lösungen

27 Satzreihen und Satzgefüge

1 Der Fahrer stellt das Warndreieck auf (**Hauptsatz**), damit andere Verkehrsteilnehmer die Unfallstelle erkennen (**Nebensatz**).

Checkliste Satzbericht Satz 2	Hauptsatz-kennzeichen	Nebensatz-kennzeichen
1. Steht das finite Verb des Prädikates an zweiter oder letzter Satzgliedstelle?	● 2. Stelle	✕ Letzte Stelle
2. Kann der Satz sinnvoll allein stehen?	● Ja	✕ Nein
3. Beginnt er mit einer Konjunktion oder einem Relativpronomen? Wenn ja, mit welcher/welchem? **damit**	● Nein	✕ Ja

2 Satzgefüge

3
1. Die schnell eintreffende Polizei sperrt die Unfallstelle ab, **deshalb** staut sich der Verkehr.
2. Die Autos sind vollkommen zerstört, **trotzdem** wurde niemand verletzt.
3. Der Fahrer des roten Autos wirkt ruhig, **aber** seine Beifahrerin hat einen Schock.
4. Die Polizei ruft die Feuerwehr um Hilfe, **denn** das ausgelaufene Benzin könnte plötzlich brennen.

4
1. Die Polizisten fotografieren die Autos, da so Beweise gesichert werden.
   (Hauptsatz, Nebensatz = Satzgefüge)
2. Der Abschleppdienst kommt an, dann hebt er die Autowracks auf seine Ladefläche.
   (2 Hauptsätze = Satzreihe)
3. Die Polizei stellt den Unfallbericht fertig (Hauptsatz), während die Feuerwehr die Unfallstelle reinigt. (Haupt, Nebensatz = Satzgefüge)
4. Die Feuerwehr hat ihre Arbeit getan, die Polizei gibt die Strecke frei, und der Stau **löst** sich auf. (Hauptsatz, Hauptsatz und Hauptsatz = Satzreihe)

TIPP

Die Personalform des Verbs (das *finite Verb*) darfst du nicht mit dem *infiniten Verb* verwechseln. Du erkennst den Unterschied daran, dass das finite Verb sich während des Konjugierens verändert und das infinite Verb nicht: ich *habe getan*, du *hast getan*, er/sie/es *hat getan*, wir *haben getan*, ihr *habt getan*, sie *haben getan*.

28 Vollständige Satzanalysen durchführen

1

Aussagesatz					
Hauptsatz					
Subjekt			Prädikat	Akkusativobjekt	
Bestimmter Artikel	Adjektiv	Nomen	Verb	Adjektiv	Nomen
Der	**strenge**	**Lehrer**	**verteilt**	**aufwändige**	**Strafarbeiten.**

2

Aussagesatz				
Hauptsatz				
Akkusativobjekt		Prädikat →	Subjekt	← Prädikat
Demonstrativpronomen	Nomen	finites Verb	Personalpronomen	infinites Verb
Diese	**Fernsehserie**	**hat**	**sie**	**gesehen.**

3

Aussagesatz							
Hauptsatz							
Akkusativobjekt		Prädikat	Subjekt	Modales Adverbiale	Lokales Adverbiale		
Best. Artikel	Nomen	Verb	Personalpronomen	Adjektiv	Präposition	Best. Artikel	Nomen
Die	**Pausen**	**verbringen**	**wir**	**fröhlich**	**auf**	**dem**	**Schulhof.**

Satzgefüge							
Aussagesatz				Aussagesatz			
Hauptsatz				Nebensatz			
Subjekt		Prädikat	Dativobjekt	keine Satzgliedfunktion	Subjekt	Prädikat	
Best. Artikel	Nomen	Verb	Personalpronomen	Konjunktion	Personalpronomen	infinites Verb	finites Verb
Der	**Kinofilm**	**gefiel**	**uns,**	**weil**	**wir**	**lachen**	**mussten.**

Lösungen

Test 9

(1)

2. Nachdem die Aufgabenblätter **ausgeteilt sind (Nebensatz)**, **beginnen** alle Schüler sofort mit der Bearbeitung (**Hauptsatz**).
3. Die Zeit **reicht** nicht **aus (Hauptsatz)**, denn die Lehrerin **hat** die Klassenarbeit viel zu schwierig **gestaltet** (**Hauptsatz**).
4. Dennoch **habe** ich ein gutes Gefühl (**Hauptsatz**), da ich mich prima auf die Arbeit **vorbereitet hatte (Nebensatz)**.
5. Jetzt **müssen** wir leider länger **warten (Hauptsatz)**, obwohl ich das Ergebnis meiner Arbeit schnell **wissen möchte** (**Nebensatz**).

(2)

	Satzreihe	Satzgefüge
1. Montags ist die Schultasche immer besonders schwer, denn dann müssen wir den Atlas mitbringen.	X	○
2. Wenn ich mich mit meinen Freunden für den Nachmittag verabredet habe, vergesse ich aus Vorfreude auf diesen Nachmittag alles andere.	○	X
3. Neulich hat sich unser Lehrer an die Tafel gelehnt, sodass sein schwarzer Pullover am Rücken ganz weiß verschmutzt war.	○	X
4. Unser Schulleiter war sehr böse über unseren Streich in der Pause, und unser Klassenlehrer rief sofort unsere Eltern an.	X	○
5. Du isst dein Pausenbrot, ich esse meinen Apfel.	X	○
6. Ich weiß, dass ich nichts weiß.	○	X

(3)

~~Fragesatz~~ **Aussagesatz**						
~~Nebensatz~~ Hauptsatz						
~~Subjekt~~ Temporales Adverbiale		~~Attribut~~ Prädikat →	~~Verb~~ Subjekt	~~Präpositionalobjekt~~ Akkusativobjekt		← Prädikat
~~Pronomen~~ Präposition	Nomen	Finites Verb	Personalpronomen	~~Best.~~ unbest. Artikel	~~Verb~~ Nomen	Infinites ~~finites~~ Verb
Am	**Samstag**	**werden**	**wir**	**eine**	**Radtour**	**machen.**

(4)

Aussagesatz							
Hauptsatz							
Subjekt		Prädikat	Dativobjekt	Temporales Adverbiale			Akkusativobjekt
Best. Artikel	Nomen	Verb	Personalpronomen	Präposition	Best. Artikel	Nomen	Nomen
Der	**Hausmeister**	**verkauft**	**uns**	**in**	**den**	**Pausen**	**Müsliriegel.**

5 ✗ 1. In Nebensätzen steht das finite Verb des Prädikates immer an der letzten Satzgliedstelle.
☹ 2. Der Nebensatz kann **allein** stehen. Falsch. Er ergibt allein stehend keinen Sinn.
✗ 3. Nebensätze werden mit Konjunktionen oder Relativpronomen eingeleitet.
☹ 4. In Hauptsätzen steht das finite Verb des Prädikates immer an **3. Satzgliedstelle**. Falsch. Es befindet sich stets an 2. Satzgliedstelle.
✗ 5. Hauptsätze können allein stehen und ergeben einen Sinn.
☹ 6. In einer Satzreihe werden Haupt- und **Nebensätze** miteinander verknüpft. Falsch. In der Satzreihe werden nur Hauptsätze miteinander verbunden.
✗ 7. In einem Satzgefüge werden Haupt- und Nebensätze miteinander verknüpft.
✗ 8. Wenn in einem Satz nur Hauptsätze miteinander verbunden sind, liegt eine Satzreihe vor.

29 Komma in Satzgefügen und Satzreihen

1
1. Wasserpflanzen schwingen sanft in der Strömung, kleine Krebse suchen Schutz zwischen ihnen. (Satzreihe)
2. Ein Hecht schießt lautlos davon, weil ich ihn berühren wollte, als ich ihn vor mir entdeckte. (Satzgefüge)
3. Da es unter Wasser keine Geräusche gibt, kann ich mich ganz auf das Sehen konzentrieren. (Satzgefüge)
4. Das Sonnenlicht, das auf das Wasser fällt, glitzert in vielen Farben. (Satzgefüge)

2
1. Ich lasse mich ins Wasser fallen, nachdem die Ausrüstung geprüft ist.
2. Nachdem die Ausrüstung geprüft ist, lasse ich mich ins Wasser fallen.
3. Ich lasse mich, nachdem die Ausrüstung geprüft ist, ins Wasser fallen.

3
Heute soll es endlich so weit sein, heute soll ich meinen ersten Weißen Hai sehen können. Die Helfer auf dem Boot haben große Köder ausgehängt, zuvor wurde während der Fahrt bereits eine übel riechende Duftspur aus Fischresten und Blut ausgelegt. Wir selbst sind fertig angekleidet(,) und die Ausrüstung ist vollständig überprüft, ich bin bereit. Der Schutzkäfig ist in unmittelbarer Nähe der Köder zu Wasser gelassen, als der Kapitän plötzlich das ersehnte Signal „White Shark" ausruft. Sofort steigen wir in den Käfig und zücken unsere Unterwasserkameras. Da schwebt er heran, ganz lautlos und sehr elegant nähert er sich dem riesigen Köder. Ich bin überwältigt von dem wunderschönen Tier, das ungefähr 5 Meter lang ist. Der majestätische Anblick lässt mich vor Ehrfurcht erstarren, sodass ich sogar das Fotografieren vergesse. Dann öffnet er fast bedächtig das riesige Maul, er schließt seine Augen, sodass er jetzt seine rasiermesserscharfen Zahnreihen in den Fischköder treiben kann, den er scheinbar mühelos in zwei Hälften teilt. Ganz ruhig dreht er ab, zeigt uns noch einmal seine andere Seite und verschwindet dann in dem Blau der Tiefe, mein Weißer Hai!

30 Komma bei Aufzählungen

1 Heute hatten wir Deutsch, Englisch, Bio, Sport und Mathe.

2
1. Gestern war es teils regnerisch, teils windig und teils heiter. Oder: Gestern war es teils regnerisch, teils heiter und teils windig.
2. Am liebsten trinke ich morgens Kakao, Milch, Saftschorle oder Eistee.

TIPP Im zweiten Satz kannst du die Getränke auch in einer anderen Reihenfolge aufzählen. Achte aber immer darauf, dass vor dem letzten Aufzählungselement kein Komma steht, wenn es mit einem *und, oder* oder *sowie* angeschlossen wird. Zum Beispiel: *Am liebsten trinke ich morgens Saftschorle, Kakao, Eistee oder Milch.*

3 Zu meiner Geburtstagsparty am Samstag habe ich Lena, Anne, Sophie, Mara und Jana eingeladen. Sie haben mir zusammen ein grellgelbes Freundschaftsbuch, einen Kinogutschein für morgen Abend und ein süßes Kuscheltier geschenkt. Nach dem Auspacken der Geschenke, dem Kaffeetrinken und dem kurzen Lästern über die Jungen zogen wir dann los. Sophie und Jana hatten eine tolle, unglaubliche, einfach wunderbare Überraschung vorbereitet. Die beiden führten uns in einen Wald(,) und dort standen sie, hoben die Köpfe, schauten in unsere Richtung und scharrten mit den Hufen: sechs gesattelte Ponys unseres Reitervereins. Waren das ein Jubel, eine Freude und ein Geschrei, mit dem wir uns in die Sättel stürzten. Und so galoppierten wir über die Wiesen, schossen über Lichtungen hinweg, ließen Moore neben uns liegen und tasteten uns durch dicht stehende Bäume.
Müde, erschöpft, hungrig, aber vollkommen glücklich kamen wir am Reiterhof an. Und dort warteten auch schon meine Eltern, Großeltern und meine Patentante mit leckeren Bratwürstchen, tollen Salaten und frisch gebackenem Brot.
So einen schönen, überraschenden und unvergesslichen Geburtstag habe ich noch nie erlebt.

4
2. Hasen, Mäuse und Biber gehören zu den Nagetieren.
3. Musikinstrumente sind zum Beispiel die Blockflöte, das Schlagzeug und der Kontrabass.
4. Fingerabdrücke, ein schwarzes Haar und ein roter Knopf haben den Täter überführt.

TIPP Auch hier hast du bei einigen Sätzen sicher eine andere Reihenfolge gewählt, zum Beispiel: *Biber, Mäuse und Hasen gehören zu den Nagetieren.* Denke wieder daran: Wird das letzte Aufzählungselement mit *und, oder* oder *sowie* angeschlossen, setzt du kein Komma. Lässt du aber die Konjunktion weg, musst du ein Komma setzten: *Biber, Mäuse, Hasen gehören zu den Nagetieren.*

31 Zeichensetzung bei der wörtlichen Rede

1 „**Wohin fliegen wir eigentlich**?“, fragt Tom. Bill antwortet souverän: „**Zur Sonne.**“ „**Spinnst du? Die ist doch viel zu heiß**“, stellt Tom verängstigt fest. „**Klar**“, beruhigt ihn Bill, „**aber nur tagsüber. Deshalb fliegen wir nachts**!“

2

1. James Lovell meldet: „Houston, wir haben ein Problem!“
2. „Houston, wir haben ein Problem!“, meldet James Lovell.
3. „Houston“, meldet James Lovell, „wir haben ein Problem!“

3 Bundeskanzlerin Angela Merkel fragt: „Was tun sie gerade?“ Der deutsche Astronaut Thomas Reiter antwortet: „Heute Morgen haben wir eine kleine Notsituationsübung durchgespielt. Ein angeblicher Druckverlust in unserer Station war die Aufgabe“, erläutert er weiter. „Ansonsten experimentieren wir hier viel.“ „Interessant!“, meint Frau Merkel. „Konnten Sie denn auch Ihrem Hobby nachkommen?“ „Nein“, lacht Herr Reiter, „leider war keine Zeit dazu, aber ich habe meine Gitarre immerhin schon gestimmt.“ „Und wie klappt es mit dem Schlafen?“, erkundigt sich die Kanzlerin. „Ja, wunderbar. Ich kann in der Schwerelosigkeit sehr gut schlafen, obwohl man ja nicht“, so erklärt er, „auf dem Rücken, auf der Seite oder dem Bauch liegt.“ Frau Merkel kommentiert: „Wahrscheinlich schlafen Sie besser als wir zur Zeit in Deutschland, denn bei uns ist es unglaublich warm.“ „Für uns ist das eine tolle Gelegenheit, bei wolkenfreier Sicht schöne Fotos von Deutschland und sogar Frankfurt und Umgebung zu machen“, schwärmt der Astronaut.

Test 10

1

✗ 1. Hauptsätze werden grundsätzlich mit Komma voneinander getrennt.

☹ 2. Wenn in einer Satzreihe zwei Hauptsätze mit *und* oder *oder* verbunden sind, **müssen** diese mit Komma abgetrennt werden. Falsch. Sie dürfen abgetrennt werden, müssen jedoch nicht.

✗ 3. Ist in einem Teilsatz kein Subjekt vorhanden und wird dieser mit *und* oder *oder* verbunden, darf kein Komma gesetzt werden.

☹ 4. Zwischen Hauptsatz und Nebensatz darf **kein** Komma stehen. Falsch. Sie müssen mit Komma getrennt werden, außer sie werden mit *und* oder *oder* verbunden.

✗ 5. In Aufzählungen werden die einzelnen Wörter, Wortgruppen oder auch Teilsätze mit Komma abgetrennt.

☹ 6. Vor dem letzten Aufzählungselement steht meist ein *und* oder *oder*, das ebenfalls mit einem Komma **abgetrennt wird**. Falsch. Hier darf kein Komma gesetzt werden, denn das *und* oder *oder* ersetzt bereits eines.

✗ 7. Die wörtliche Rede wird stets von Anführungszeichen umschlossen.

☹ 8. Das Ende einer wörtlichen Rede wird durch die **unten** gesetzten Anführungszeichen gekennzeichnet. Falsch. Am Ende müssen die Anführungszeichen oben gesetzt werden.

☹ 9. Die Redeeinleitung kann **nicht** vor der wörtlichen Rede stehen. Falsch. Die Redeeinleitung kann vor der wörtlichen Rede stehen und bereitet sie mit einem Doppelpunkt vor.

✗ 10. Der nachgestellte und der eingeschobene Redebegleitsatz werden immer durch ein Komma getrennt.

Lösungen

(2)
1. Jeden Sonntag, wenn die Uhr zwölf schlägt, macht sich Dieter auf den Weg zum Joggen.
   d) Satzgefüge HS 1– NS – HS 1
2. Seine Runde führt ihn um den See, der von vielen Läufern geliebt wird, denn der Blick auf das Wasser beruhigt. c) Satzgefüge HS 1 – NS – HS 2
3. Weil Dieter meist viel zu schnell startet, spürt er bereits nach der halben Runde um den See ein heftiges Seitenstechen. a) Satzgefüge NS –HS
4. Dennoch macht ihm das Joggen großen Spaß, aber noch mehr freut er sich auf das wohlverdiente Eis vom Seecafé. b) Satzreihe HS 1 – HS 2

(3)
1. Die Buchstaben a, b, c bilden den Beginn des Alphabets.
2. Noël kann sich fürchterlich über bellende Hunde, über stinkende Mülleimer, über pinkfarbene Kleidung und über schreckliche Klingeltöne aufregen.
3. Gut gelaunt hüpft Lara pfeifend durch die Wohnung, herzt ihre Mutter und hilft lachend beim Abräumen des Tisches.
4. Köstlich, süß, sahnig und unwiderstehlich empfindet Marco den Geschmack von Vanilleeis.

(4) Drei Schildkröten sind zu einer Quelle unterwegs, denn sie plagt ein mächtiger, immer stärker werdender Durst. Sie laufen ein Jahr, zwei Jahre, drei Jahre, bis sie endlich ankommen. Fast verdurstet, erschöpft und gierig wollen sich die ersten beiden Schildkröten auf das Wasser stürzen, da bemerkt plötzlich die dritte Schildkröte, dass sie ihr edles Trinkglas vergessen hat.
„He", ruft sie den anderen zu, „habt ihr auch eure Trinkgläser vergessen?"
Die beiden anderen schlagen sich mit der Vorderpfote vor die Stirn: „Oh, wir haben sie auch vergessen." „Aber das ist doch jetzt völlig egal!", ruft eine von beiden. Die andere nickt ihr zustimmend zu und klagt: „Ich habe so einen Durst!"
„Nein, nein", maßregelt die dritte Schildkröte ihre beiden Gefährtinnen, „also ohne Trinkglas genehmigt sich hier niemand auch nur einen winzigen Schluck Wasser, das geht doch nicht! Wo sind denn bitteschön eure Manieren geblieben?"
Die beiden anderen wiegen unsicher ihre Köpfe. Sie haben zwar großen Durst, aber sie verstehen auch die Ansicht ihrer Freundin.
„Passt auf", schlägt die Schildkröte mit Manieren den beiden anderen vor, „ihr wartet hier (,) und ich gehe zurück und hole unsere Trinkgläser!"
Auf diesen Vorschlag lassen sich die beiden ein(,) und sie setzen sich auf einen bequemen, warmen, flachen Stein und warten. Und sie warten lange, sie warten ein Jahr, zwei Jahre, drei Jahre. Mit einem Male hält es die eine Schildkröte nicht mehr aus, springt in die Höhe und brüllt die andere an: „Ich weiß nicht, was du denkst, aber mir ist jetzt alles egal, ich muss jetzt etwas trinken!"
Die andere steht verdutzt da und beobachtet ihre energische Freundin. Diese geht festen, entschlossenen Schrittes zur Quelle, öffnet das Maul und will gerade einen Schluck des ersehnten Nasses ihre Kehle hinabrinnen lassen, da kommt plötzlich die dritte Schildkröte aus einem Busch hervor und beschwert sich ärgerlich: „Also wenn ihr schummelt, gehe ich gar nicht erst los!"

Bildnachweis

Seite 46: Fotosearch/ Maps Resources

Seite 57: Trommel: Fotosearch/ Eyewire, Querflöte: MEV Verlag GmbH, Augsburg, alle anderen Instrumente: Getty Images (Photodisc)

Seite 88: Photodisc

DER RICHTIGE ÜBERBLICK IN DEUTSCH!

PONS RECHTSCHREIBUNG UND ZEICHENSETZUNG AUF EINEN BLICK
Alle wichtigen Regeln – einfach, verständlich, übersichtlich.

Die schnelle Hilfe für Rechtschreibung und Zeichensetzung. Mit oder ohne Komma? Groß- oder kleinschreiben? - schnelle Antworten auf komplexe Fragen. Mit knappen Erläuterungen und schematischen Übersichten findet man sich leicht zurecht. Typische Fehler werden erläutert und viele Tipps gegeben. Ideal für unterwegs. Aus strapazierfähigem, abwischbarem Material.
Format: DIN A4, laminiert, gelocht.
6 Seiten.

ISBN: 978-3-12-**561234**-1

PONS DEUTSCH 6. KLASSE AUF EINEN BLICK
Das Schuljahr im schnellen Überblick.

Grammatik, Sprechabsichten, Vokabular und Aussprache – das Wichtigste aus einem Schuljahr auf einen Blick.
Für unterwegs, zu Hause und in der Schule. Mit hilfreichen Lern- und Elterntipps. Aus strapazierfähigem, abwischbarem Material mit praktischer seitlicher Lochung, passend für jeden Ordner.
Für Schüler aller Schularten.
Format: DIN A4, laminiert, gelocht.
6 Seiten.

ISBN: 978-3-12-**560808**-5

PONS

www.pons.de